MARCELO SIMONATO

O GALILEU

Copyright© 2024 by Literare Books International
Todos os direitos desta edição são reservados à Literare Books International.

Presidente:
Mauricio Sita

Vice-presidente:
Alessandra Ksenhuck

Chief Product Officer:
Julyana Rosa

Diretora de projetos:
Gleide Santos

Capa:
Lucas Yamauchi

Projeto gráfico e diagramação:
Gabriel Uchima

Revisão:
Ivani Rezende e Rodrigo Rainho

Chief Sales Officer:
Claudia Pires

Impressão:
Gráfica Paym

Dados Internacionais de Catalogação na Publicação (CIP)
(eDOC BRASIL, Belo Horizonte/MG)

S594g   Simonato, Marcelo.
         O Galileu: o maior líder de todos os tempos / Marcelo Simonato.
         – São Paulo, SP: Literare Books International, 2024.
         296 p. : 14 x 21 cm

         Inclui bibliografia
         ISBN 978-65-5922-752-5

         1. Liderança. 2. Administração. 3. Sucesso nos negócios.
         I. Título.
                                                        CDD 658.4

Elaborado por Maurício Amormino Júnior – CRB6/2422

Literare Books International.
Alameda dos Guatás, 102 – Saúde– São Paulo, SP.
CEP 04053-040
Fone: +55 (0**11) 2659-0968
site: www.literarebooks.com.br
e-mail: literare@literarebooks.com.br

PREFÁCIO

O que mais poderia ser dito àquelas pessoas que estão em posição de liderança? Qual seria o alicerce firme quanto às habilidades de um líder corporativo na gestão de equipes de trabalho? E onde poderíamos encontrar condutas adequadas de trabalho para indicar ao líder de pessoas em nossa geração? Tive o privilégio de conhecer as primeiras páginas de alguém que observa o mercado, estuda e escreve sobre os modos de gestão, realiza palestras e treina equipes. Escritas pelo irmão, amigo e escritor Marcelo Simonato, a obra apresenta aqui uma proposta de leitura com uma abordagem de pesquisa incomum. Embora não seja inédita, ela estabelece competências e habilidades para a liderança executiva, a partir de dois campos aparentemente divergentes. É um trabalho que requer atenção e dedicação especial para fazer convergir campos distintos, por vezes.

Fazer o intercâmbio entre dois campos do conhecimento é um desafio. Essa é a abordagem de pesquisa do novo trabalho literário de Marcelo Simonato, em *O Galileu: o maior líder de todos os tempos*. Do início ao fim do texto, ele cruza fronteiras do saber humano e segue o fio condutor que conduz à construtiva fusão de dois horizontes: o campo da religiosidade humana e da liderança executiva colaborativa. Com esse trabalho, ele convida para segui-lo também nas próximas páginas, nas quais propõe esse modelo autêntico de liderança. Embora haja outras obras nessa mesma linha de raciocínio, fundir campos complexos com identidades próprias é sempre desafiador.

Com mais de 25 anos de experiência nas áreas administrativa e financeira, em empresas nacionais e multinacionais como executivo e líder de equipes, bem como um religioso cristão professo, dedicado e atuante em sua comunidade de fé, o autor contribui nesta obra para o campo executivo de liderança colaborativa com um texto criativo, didático e prático que fará significativa diferença para a sua vivência e habilidade de liderança com equipes e gestão de pessoas.

A metodologia de trabalho do livro procurou elencar tópicos extraídos da própria experiência empresarial do escritor, da sua pesquisa em outras obras sobre liderança em economia colaborativa, algumas delas de sua autoria como autor e outras na coordenação, com princípios e práticas da liderança da vida e obra de Jesus Cristo – a partir de um estudo bíblico textual e detalhado, conforme os registros nas páginas dos evangelhos (Novo Testamento), nas quais você encontra a narração fiel da história de Cristo. Notadamente fonte de inspiração do autor, registra-se que Cristo é o elemento fundante da maior tradição religiosa no Ocidente até hoje, o cristianismo.

Você considera que este seja um desafio exequível, a saber, a conjunção de campos aparentemente divergentes? Há a necessidade e possibilidade de o líder corporativo adquirir essas competências e habilidades multidisciplinares na gestão de pessoas? Para Marcelo Simonato, sim.

Ele mostra que a convergência dessas áreas é necessária e possível, quando se lança justamente ao estudo do assunto e publicação desta obra. É necessária porque ele considera que aquele líder tão somente tecnicista, que enxerga o colaborador apenas como empregado, que estimula metas apenas com bônus, que está voltado apenas para acúmulo de patrimônio, está obsoleto. Não se busca na empresa tão somente o capital da satisfação do cliente e os consequentes lucros. As novas equipes não são formadas só por técnicos hábeis, "robôs humanos", em suas respectivas áreas. Na verdade, os novos colaboradores são "gente como a gente", que trazem outros ingredientes curriculares de aspiração profissional – por exemplo, o contentamento nas interações trabalhistas em prol de resultados, a parceria criativa e estimulante entre os setores de serviço prestado, bem como a coparticipação humanizada nas relações verticais. É no campo da liderança religiosa que ele busca e indica as necessárias habilidades humanas para as equipes de empresa. Por fim, a possibilidade de conjunção de áreas é real, para Simonato, pois consiste no fato de que o ser humano tende naturalmente a seguir padrões. E há um acervo de liderança religiosa a ser conhecido e seguido – muitas histórias impactantes e influentes. Elas podem ser boas referências nesse novo modelo de interação trabalhista humanizada. Há um grande sucesso de liderança religiosa, comunitária, social, indígena, esportista, familiar, e outros lugares, a ser aprendida. Relatos que podem ser trazidos e compartilhados como padrão indicativo na reinvenção das relações e gestão de equipes em departamentos. Fato é que os espaços de convivência e relações de trabalho são enriquecidos, tornam-se melhores e trazem resultados com legados assim.

Subdividida em três tópicos, a obra é composta didaticamente por atitudes, características e algumas lições específicas sobre a liderança de Jesus para desenvolver pessoas e equipes. Assim, a obra procura demonstrar que as qualidades humanas e habilidades de trabalho em equipe, que são consideradas essenciais para essa nova visão de liderança colaborativa (por exemplo, empatia, amor ao próximo, compromisso social, humildade, fidelidade, senso de justiça e servidão, entre outras), estão no modelo de liderança desenvolvido por Jesus Cristo, em seu tempo e na história da religiosidade, há mais de dois mil anos.

Por delimitação, o leitor esteja ciente de que não encontrará na obra qualquer proselitismo religioso, nem há também qualquer gesto no sentido de mostrar um líder ou crença como superior às outras. Tampouco há referência a questões que dizem respeito às disputas religiosas ou opiniões de crenças. Por sua vez, veja que não há aqui um escritor restrito apenas ao seu campo de leitura, ignorando outras boas histórias de líderes que influenciaram seguidores. Para o autor, o importante é compartilhar com outras áreas e textos. Ao trazer o exemplo de um grande líder religioso cristão para a discussão sobre o melhor caminho na gestão de pessoas na empresa, ele considera importante também ampliar as fontes de inspiração dos seus leitores em função de liderança, compartilhando aquelas atitudes, características e direcionamento de atuação profissional, aprendidas com o Galileu, como ferramentas úteis para uma boa atuação corporativa.

Por fim, parabéns, Marcelo Simonato, por encarar e publicar, nesta obra, o desafio de minimizar aparentes divergências e preconceitos entre campos distintos do saber. Além disso, você soma à área, do seleto repertório de gestão executiva, as habilidades de um grande líder religioso. O convite de leitura é feito agora para você, caro leitor, porque liderança não é um mero emprego, cargo institucional ou algo que cai gratuitamente no colo de alguém. Venha conhecer mais o que é liderança humanizada, ao seguir o fio condutor proposto no personagem escolhido nesta obra, com meus votos de pleno engajamento, boa leitura e renovação na aplicação prática de novas relações humanas a partir daqui.

Rev. Marco André Oliveira Sales

INTRODUÇÃO

Nos últimos anos, observamos um crescente e expressivo movimento no mercado para que se tenham relações de trabalho mais humanizadas, com um foco cada vez maior nas pessoas.

Isso tem ocorrido muito por conta do avanço de novas formas de gestão, sobretudo com a disseminação crescente da agilidade e da entrada dos *millenials* no mercado de trabalho.

Tal cenário representa uma mudança mais profunda na sociedade, com a busca pelo "ser", por encontrar um propósito de vida e ter um foco maior nas experiências, em contraste com o "ter", com a posse, bens materiais etc.

Desenha-se, portanto, o que comumente se chama de economia colaborativa, por meio do compartilhamento de recursos, destacando um protagonismo mais evidente do ser humano nesse processo.

Além disso, vivemos uma mudança mais significativa que, conjuntamente, acaba reverberando nas organizações. É a era do conhecimento, onde o indivíduo não é mais visto como mera "mão de obra" cuja mente e coração podem ser deixados do lado de fora da empresa.

Sendo assim, fica evidente a necessidade de tratá-lo como um ser integral, que precisa estar conectado com seu trabalho, cuja inteligência, criatividade e emoção se tornam ativos imprescindíveis para a entrega de soluções inovadoras.

Estes precisam ser tratados de acordo com suas particularidades, necessidades, características e ideias, que precisam ser ouvidas e compreendidas, para que se possa extrair o melhor de cada um.

Dessa forma, há nas empresas uma tendência em se dar uma atenção mais efetiva às pessoas, que crescem continuamente, dando-lhes mais autonomia, autogestão, sensação de pertencimento, voz e oportunidade de colaborar.

E, com isso, a necessidade de líderes melhores, mais efetivos, atentos às pessoas, com capacidade de compreendê-las e de desenvolvê-las em seu potencial máximo. Enfim, líderes mais humanos...

POR QUE "O GALILEU"?

Galileu é a pessoa nativa da Galileia, porém o significado do termo galileu não se refere apenas à localização geográfica de nascença ou habitação de alguém, mas também a um tipo de linha cultural.

Quem eram os galileus segundo a Bíblia?

Nos textos bíblicos, os galileus muitas vezes aparecem como sendo pessoas simples, generosas, piedosas, nacionalistas, intempestivas e, em alguns casos, um tanto quanto incultas, embora não possamos generalizar essas características como sendo comuns a todos os galileus.

Também é possível que os galileus geralmente fossem mais helenísticos que os judeus. A Galileia ficava separada da Judeia em aproximadamente 100 quilômetros.

Alguns costumes dos galileus eram diferentes dos habitantes da Judeia, bem como suas práticas religiosas também eram mais simples, ou seja, eles não estudavam a Lei com a mesma profundidade com que os judeus a estudavam. Assim, os fariseus usavam a designação "galileu" como um tipo de censura ou *bullying*, o que de fato foi um grande equívoco – como, por exemplo, o preconceito expresso por Natanael em relação a Jesus quando foi apresentado por Filipe: "De Nazaré [Galileia] pode sair alguma coisa boa?" (João 1.45,46).

QUEM É "O GALILEU" APONTADO NESTA OBRA?

Jesus Cristo é o galileu!

Apesar de ter nascido em Belém da Judeia, era chamado de Galileu, pois viveu a maior parte de sua vida nessa região ao norte da Palestina antiga, quase 30 anos. E foi nessa mesma região que selecionou sua equipe, deu os primeiros passos no treinamento e três anos de formação para aqueles que seriam os futuros líderes do cristianismo. Fato é que, alguns anos depois, o cristianismo alcançou o grande império greco-romano e tudo começou por meio da liderança de um galileu.

Embora possa não ser unanimidade, para muitos, Jesus Cristo é o melhor, maior e mais perfeito exemplo de liderança que existe, principalmente quando falamos da humanização das relações e de se resgatar aquilo que nos faz seres humanos, de verdade.

Não é preciso usar o critério da fé e ser cristão, uma vez que Jesus é visto como alguém importante pela sociedade em geral, bem como pelas três maiores religiões da atualidade, seja como um profeta (pelo islamismo), um mestre moral (por parte do judaísmo), seja principalmente como Deus-Filho (pelo cristianismo).

Qualidades que hoje são ditas como essenciais para essa nova visão de liderança, como empatia, amor ao próximo, humildade, fidelidade, senso de justiça e servidão, entre outras, compõem o modelo de líder que Jesus foi há mais de 2 mil anos.

Como será visto adiante, Jesus Cristo tinha uma capacidade enorme de corrigir sem machucar e de ser ousado quando precisava resolver alguma questão, sem que isso ferisse seus princípios. Ele era capaz de entender a necessidade de cada pessoa e de se comunicar efetivamente com elas.

Afinal, segundo apresentado no Livro dos Livros, a Bíblia Sagrada, a qual apresenta a sua trajetória, Ele não possuía erros e, mesmo assim, foi capaz de assumir a culpa dos seus seguidores, chamando para si a responsabilidade de pagar pelas faltas (pecados) de todos que o seguiram e ainda dos que o seguem hoje.

Por meio de sua história, podemos ver como um verdadeiro líder se mostra quando surgem as dificuldades, sendo capaz de liderar mesmo em meio à pressão.

Ele demonstrou uma capacidade de comunicação inigualável, sabendo exatamente o que e como precisava ser dito, de forma pedagógica, instrutiva e inspiradora, se valendo sempre de muitas parábolas.

MAS, AFINAL, QUEM FOI JESUS CRISTO?

Segundo relatam os evangelhos, Mateus, Marcos, Lucas e João, livros que fazem parte da Bíblia Sagrada, temos duas passagens que resumem seu nascimento.

No livro de João, capítulo 1, versículos 1-14, está escrito:

> *No princípio era aquele que é a Palavra. Ele estava com Deus, e era Deus. Ela estava com Deus no princípio. Todas as coisas foram feitas por intermédio dele; sem ele, nada do que existe teria sido feito.*
>
> *Nele estava a vida, e esta era a luz dos homens. A luz brilha nas trevas, e as trevas não a derrotaram. Surgiu um homem enviado por Deus, chamado João.*
>
> *Ele veio como testemunha, para testificar acerca da luz, a fim de que por meio dele todos os homens cressem.*

Ele próprio não era a luz, mas veio como testemunha da luz. Estava chegando ao mundo a verdadeira luz, que ilumina todos os homens. Aquele que é a Palavra estava no mundo, e o mundo foi feito por intermédio dele, mas o mundo não o reconheceu. Veio para o que era seu, mas os seus não o receberam. Contudo, aos que o receberam, aos que creram em seu nome, deu-lhes o direito de se tornarem filhos de Deus, os quais não nasceram por descendência natural, nem pela vontade da carne nem pela vontade de algum homem, mas nasceram de Deus.

Aquele que é a Palavra tornou-se carne e viveu entre nós. Vimos a sua glória, glória como do Unigênito vindo do Pai, cheio de graça e de verdade.

Já o livro de Mateus, capítulo 1, versículos 1-17, nos diz:

Registro da genealogia de Jesus Cristo, Filho de Davi, filho de Abraão: Abraão gerou Isaque; Isaque gerou Jacó; Jacó gerou Judá e seus irmãos; Judá gerou Perez e Zerá, cuja mãe foi Tamar; Perez gerou Esrom; Esrom gerou Arão; Arão gerou Aminadabe; Aminadabe gerou Naassom; Naassom gerou Salmom; Salmom gerou Boaz, cuja mãe foi Raabe; Boaz gerou Obede, cuja mãe foi Rute; Obede gerou Jessé; e Jessé gerou o rei Davi. Davi gerou Salomão, cuja mãe tinha sido mulher de Urias; Salomão gerou Roboão; Roboão gerou Abias; Abias gerou Asa; Asa gerou Josafá; Josafá gerou Jorão; Jorão gerou Uzias; Uzias gerou Jotão; Jotão gerou Acaz; Acaz gerou Ezequias; Ezequias gerou Manassés; Manassés gerou Amom; Amom gerou Josias; e Josias gerou Jeconias e seus irmãos, no tempo do exílio na Babilônia. Depois do exílio na Babilônia: Jeconias gerou Salatiel; Salatiel gerou Zo-

robabel; Zorobabel gerou Abiúde; Abiúde gerou Eliaquim; Eliaquim gerou Azor; Azor gerou Sadoque; Sadoque gerou Aquim; Aquim gerou Eliúde; Eliúde gerou Eleazar; Eleazar gerou Matã; Matã gerou Jacó; e Jacó gerou José, marido de Maria, da qual nasceu Jesus, que é chamado Cristo.

Assim, ao todo, houve catorze gerações de Abraão a Davi, catorze de Davi até o exílio na Babilônia e catorze do exílio até o Cristo.

Existem inúmeras lições de liderança que Jesus apresentou ao mundo e que serão destacadas nos capítulos deste livro, as quais foram identificadas a partir do estudo dos quatro evangelhos (Mateus, Marcos, Lucas e João).

Importante também esclarecer que o objetivo deste livro não é evangelizar ou converter alguém, porém todas as características descritas estão sustentadas por passagens bíblicas, permitindo a sua consulta e o aprofundamento no contexto que elas se apresentam.

Os tópicos a seguir estão na ordem em que foram agrupados em três partes (Atitudes, Características e Direção), e não como estão nos evangelhos, tampouco representam uma sequência lógica ou cronológica, ou uma correlação ou evolução entre eles.

#ATITUDES

São apresentadas aqui as atitudes identificadas como as que devem balizar o relacionamento de um líder de forma geral, em diversos contextos, e que podem servir de linha guia para seu comportamento e para se tornar um líder melhor.

#CARACTERÍSTICAS

Nessa parte, são apontadas características extremamente importantes para líderes, sobretudo no mundo atual, no qual se faz cada vez mais necessária a construção de um ambiente de confiança para se obter o melhor das pessoas.

#DIREÇÃO

Aqui, são demonstradas as ações específicas que o líder deve realizar para desenvolver pessoas, com o intuito de prepará-las para assumir posições de liderança e dando as condições para que possam, então, caminhar sozinhas rumo ao sucesso.

Lembre-se do seguinte:

LIDERANÇA SE APRENDE!

Sim, é possível aprender a liderar e eu posso ajudar você com isso.

Siga firme nesta jornada literária comigo, serei seu mentor e posso garantir que, ao final deste livro, você já será um líder melhor do que antes.

SUMÁRIO

CAPÍTULO 1: ATITUDES

1. PASSAR POR UMA PREPARAÇÃO 21
2. MUDAR A PERSPECTIVA 24
3. CULTIVAR A PAZ E A MANSIDÃO 27
4. TOMAR MEDIDAS IMPOPULARES 31
5. CONSIDERAR O CONTEXTO 35
6. AJUDAR A QUEM PEDIR 39
7. GANHAR APOIADORES 43
8. PARAR E REFLETIR 46
9. GARANTIR O COMPROMISSO 49
10. CONTROLAR A SITUAÇÃO 52
11. CAUSAR DESCONFORTO 55
12. MISTURAR-SE COM TODOS 59

13. DIAGNOSTICAR CENÁRIOS 62
14. QUEBRAR PARADIGMAS 65
15. MANTER SUA VISÃO 69
16. MAPEAR E PREPARAR O AMBIENTE 72
17. AVALIAR RESULTADOS 76
18. BUSCAR A EXCELÊNCIA 79
19. OTIMIZAR RECURSOS 82
20. SOLUCIONAR DIVERGÊNCIAS 86
21. GERENCIAR CONFLITOS 90
22. RESISTIR ÀS ARMADILHAS 94
23. DAR IMPORTÂNCIA A PLANOS 98
24. ENCARAR A SOLIDÃO 103
25. PERDER PARA GANHAR 106
26. SURPREENDER A TODOS 112
27. INTERPRETAR A SITUAÇÃO 116
28. DEIXAR UM LEGADO 120
29. IDENTIFICAR PRONTIDÃO 123

CAPÍTULO 2: CARACTERÍSTICAS

30. AGIR COM VERDADE 129

31. POSSUIR IDENTIDADE 133

32. TER CREDIBILIDADE 136

33. SABER O SEU PAPEL 140

34. SER OBJETIVO 143

35. TER INICIATIVA 146

36. NÃO JULGAR 150

37. ESTAR PRONTO A AJUDAR 153

38. POSSUIR INTEGRIDADE E CONVICÇÃO 156

39. TER AUTORIDADE 159

40. TER COMPROMETIMENTO 162

41. SER PERSEVERANTE 165

42. TER UMA COMUNICAÇÃO EFETIVA 168

43. CONHECER O PÚBLICO 171

44. SER PRESTATIVO 174

45. PROVER RECURSOS 177

46. DAR PARA RECEBER 181

47. TER CORAGEM 184

48. SER SERVIDOR 187

49. SABER OUVIR 190

50. SER ENÉRGICO 193

51. TER FIRMEZA E SEGURANÇA 196

52. TER SENSO DE OPORTUNIDADE 199

53. TER RESPONSABILIDADE NA CRISE 204

54. TER AÇÃO E ESTRATÉGIA 208

55. CRIAR LÍDERES 211

CAPÍTULO 3: DIREÇÃO

56. DESENVOLVER AS PESSOAS 217

57. DAR O DRIVE TÉCNICO E ESTRATÉGICO 220

58. CUIDAR DAS PESSOAS 223

59. IDENTIFICAR POTENCIAIS 227

60. DELEGAR 230

61. ESCOLHER COM CRITÉRIO 233
62. DAR CONDIÇÕES 237
63. PREVENÇÃO SOBRE OS RISCOS 240
64. CONFORTAR AS PESSOAS 244
65. SOLUCIONAR PROBLEMAS EM CONJUNTO 247
66. TER UM NÚCLEO SELETO 251
67. DAR FERRAMENTAS 255
68. DAR MENTORIA 259
69. GUIAR AS PESSOAS 263
70. DISSEMINAR BONS COMPORTAMENTOS 267
71. ADVERTIR MAUS COMPORTAMENTOS 270
72. DIRECIONAR QUANTO AO FUTURO 275
73. SACRIFICAR-SE PELAS PESSOAS 281
74. PASSAR O BASTÃO 284
75. GARANTIR UM SUCESSOR 287

CONCLUSÃO 291
BÔNUS: LETRA DA MÚSICA "GALILEU" 293

CAPÍTULO 1

ATITUDES

1 PASSAR POR UMA PREPARAÇÃO

Jesus Cristo como homem teve uma vida relativamente normal e, por que não dizer, modesta. Ele aprendeu o ofício do seu pai que era carpinteiro, frequentava a Sinagoga (a igreja de hoje em dia), lia e meditava na Torá (alguns livros do antigo testamento, digamos que equivalente à Bíblia de hoje) e tinha grande intimidade com Deus-Pai.

Ele viveu por 30 anos como alguém comum, mas, na verdade, estava sendo preparado para sua grande missão.

PÍLULA:
PERMITA CONHECER-SE, APRENDER A LIDAR COM SEUS SENTIMENTOS, A ENCONTRAR O EQUILÍBRIO E TRANSFORMAR-SE.

A história de Jesus Cristo, como descrita na Bíblia, é um exemplo poderoso da importância da preparação. Desde o seu nascimento até a sua crucificação, Jesus enfrentou muitos desafios e obstáculos que só foram superados devido à sua preparação cuidadosa e diligente. Neste ensaio, vamos explorar a importância da preparação, usando a história de Jesus Cristo como um exemplo.

Em primeiro lugar, a história de Jesus Cristo ensina-nos que a preparação é essencial para alcançar grandes objetivos. Desde tenra idade, Jesus foi preparado para a sua missão divina. De fato, a preparação de Jesus foi tão bem-sucedida que ele foi capaz de superar desafios que teriam derrubado outras pessoas. Por exemplo, quando Jesus foi tentado pelo diabo no deserto, ele foi capaz de resistir às tentações por causa da sua preparação espiritual e moral. Da mesma forma, quando os fariseus tentaram pegá-lo em armadilhas ou desacreditá-lo publicamente, Jesus foi capaz de responder com sabedoria e autoridade, graças à sua preparação cuidadosa.

Outra lição importante que podemos aprender da história de Jesus Cristo é que a preparação é um processo contínuo. Mesmo depois de anos de estudos, Jesus ainda precisava se preparar diariamente. Ele acordava cedo para orar, meditar e estudar as escrituras.

Esta ideia de que a preparação é um processo contínuo é especialmente relevante hoje em que o mundo está em constante mudança e evolução. As habilidades que eram relevantes há alguns anos, podem não ser mais suficientes para enfrentar os desafios atuais. Portanto, é essencial que nos mantenhamos em constante aprendizado e aprimoramento de nossas habilidades e conhecimentos para continuarmos a ser relevantes em nosso trabalho e na nossa vida pessoal.

Além disso, a história de Jesus Cristo também nos ensina que a preparação não garante que não teremos dificuldades. Jesus enfrentou muitos desafios ao longo de sua vida, incluindo a traição de Judas, a negação de Pedro e, finalmente, a crucificação. No entanto, sua preparação cuidadosa permitiu que ele enfrentasse esses desafios com coragem e dignidade, triunfando sobre eles.

Essa ideia é particularmente importante para os líderes, empreendedores e profissionais que enfrentam desafios em suas carreiras e em suas vidas pessoais. A preparação cuidadosa pode ajudá-los a enfrentar esses desafios com confiança e determinação, mesmo quando as coisas parecem impossíveis. Eles podem superar esses obstáculos com a mesma coragem e perseverança que Jesus demonstrou em sua vida.

REFERÊNCIA BÍBLICA: MATEUS 4:1-11

Então Jesus foi levado pelo Espírito ao deserto, para ser tentado pelo diabo. Depois de jejuar quarenta dias e quarenta noites, teve fome.

O tentador aproximou-se dele e disse: "Se você é o Filho de Deus, mande que estas pedras se transformem em pães".

Jesus respondeu: "Está escrito: 'Nem só de pão viverá o homem, mas de toda palavra que procede da boca de Deus'".

Então o diabo o levou à cidade santa, colocou-o na parte mais alta do templo e lhe disse: "Se você é o Filho de Deus, jogue-se daqui para baixo. Pois está escrito: 'Ele dará ordens a seus anjos a seu respeito, e com as mãos eles o segurarão, para que você não tropece em alguma pedra'". Jesus lhe respondeu: "Também está escrito: 'Não ponha à prova o Senhor, o seu Deus'".

Depois, o diabo o levou a um monte muito alto e mostrou-lhe todos os reinos do mundo e o seu esplendor. E lhe disse: "Tudo isto lhe darei, se você se prostrar e me adorar".

Jesus lhe disse: "Retire-se, Satanás! Pois está escrito: 'Adore o Senhor, o seu Deus e só a ele preste culto'".

Então o diabo o deixou, e anjos vieram e o serviram.

2 MUDAR A PERSPECTIVA

Como fazer a diferença e liderar um povo não pela força, mas pelo exemplo? Foi isso o que Jesus Cristo ofereceu: amor e servidão.

> **PÍLULA:**
> **LEMBRE-SE DE TUDO O QUE VOCÊ JÁ PASSOU PARA CHEGAR ONDE ESTÁ HOJE. LEMBRE-SE DE CADA RENÚNCIA, SUFOCO, ESCASSEZ E AGRADEÇA.**

A história de Jesus Cristo, como descrita na Bíblia, é um exemplo poderoso da importância de mudar a perspectiva. Jesus foi uma figura histórica que mudou a perspectiva de muitas pessoas sobre o que era possível, e ele continua a inspirar líderes e indivíduos em todo o mundo a mudar a forma como veem a si mesmos e ao mundo ao seu redor. Neste ensaio, vamos explorar a importância de mudar a perspectiva, usando a história de Jesus Cristo como um exemplo e trazendo para a vida dos líderes atuais.

Em primeiro lugar, a história de Jesus Cristo ensina-nos que a mudança de perspectiva pode permitir-nos ver coisas que antes eram invisíveis. Quando Jesus começou o seu ministério, ele trouxe uma nova perspectiva à sua comunidade e ao mundo em geral. Ele viu as pessoas marginalizadas, ignoradas e desprezadas pela sociedade e reconheceu o valor intrínseco delas. A sua perspectiva mudou o foco das diferenças e injustiças para o amor e igualdade.

Hoje, muitos líderes são confrontados com situações complexas e difíceis que requerem uma mudança de perspectiva para serem resolvidas. Eles precisam enxergar além dos problemas e encontrar soluções que atendam às necessidades de todas as partes envolvidas. Quando mudamos a nossa perspectiva, podemos ver possibilidades onde antes havia apenas problemas.

Outra lição importante que podemos aprender da história de Jesus Cristo é que a mudança de perspectiva pode levar a mudanças transformacionais. Quando Jesus começou a pregar e curar as pessoas, ele atraiu um grande número de seguidores que mudaram sua vida e sua perspectiva. Sua mensagem de amor e compaixão transformou a vida de muitos e continua a inspirar as pessoas até hoje.

Da mesma forma, os líderes atuais podem trazer mudanças transformacionais por meio da mudança de perspectiva. Ao ver os problemas sob uma nova luz, eles podem encontrar novas soluções e estratégias para enfrentar desafios e superar obstáculos. Essa mudança de perspectiva pode levar a mudanças significativas na vida das pessoas e na sociedade em geral.

Finalmente, a história de Jesus Cristo nos ensina que a mudança de perspectiva pode nos levar a novas oportunidades e desafios. Quando Jesus começou o seu ministério, ele enfrentou muitos desafios e obstáculos que o levaram à sua crucificação. No entanto, sua morte e ressurreição abriram novas oportunidades para aqueles que acreditavam nele e em sua mensagem.

Assim, os líderes atuais também podem enfrentar novos desafios e oportunidades pela mudança de perspectiva. Ao ver as coisas de uma nova perspectiva, eles podem descobrir novas oportunidades para o crescimento e desenvolvimento pessoal e profissional.

Em conclusão, a história de Jesus Cristo nos ensina que a mudança de perspectiva é uma habilidade importante para líderes e indivíduos em geral.

REFERÊNCIA BÍBLICA: MATEUS 5:1-12

Vendo as multidões, Jesus subiu ao monte e se assentou. Seus discípulos aproximaram-se dele, e ele começou a ensiná-los, dizendo:

"Bem-aventurados os pobres em espírito, pois deles é o Reino dos céus.

Bem-aventurados os que choram, pois serão consolados.

Bem-aventurados os humildes, pois eles receberão a terra por herança.

Bem-aventurados os que têm fome e sede de justiça, pois serão satisfeitos.

Bem-aventurados os misericordiosos, pois obterão misericórdia.

Bem-aventurados os puros de coração, pois verão a Deus.

Bem-aventurados os pacificadores, pois serão chamados filhos de Deus.

Bem-aventurados os perseguidos por causa da justiça, pois deles é o Reino dos céus.

Bem-aventurados serão vocês quando, por minha causa os insultarem, perseguirem e levantarem todo tipo de calúnia contra vocês.

Alegrem-se e regozijem-se, porque grande é a recompensa de vocês nos céus, pois da mesma forma perseguiram os profetas que viveram antes de vocês".

3 CULTIVAR A PAZ E A MANSIDÃO

Todos nós passamos por momentos difíceis, tempos de lutas e dissabores, mas precisamos buscar a paz e a mansidão.

Mesmo sendo pressionado, o líder deve ter a calma e serenidade para filtrar aquilo que recebe e a sabedoria sobre como irá transmitir determinadas situações ao seu time.

Jesus carregou sobre si todas as dores e pecados do mundo, mas ele nos deu um fardo leve para carregar, algo que nos fosse suportável.

Ele não revidou quando alguém fez algo de ruim e deu sempre uma segunda chance, não cultivando ódio às pessoas, mesmo aos inimigos, tratando-as sempre com gentileza e paz.

Ele sofreu pelo seu time, por mim e por você.

PÍLULA:
A MANSIDÃO E A HUMILDADE SÃO VIRTUDES BEM-VISTAS AOS OLHOS DE DEUS E DOS HOMENS. QUE A PAZ, A SABEDORIA, A MANSIDÃO, O BOM SENSO, A OBJETIVIDADE, O AMOR À EQUIPE SEJAM PRESENTES NA LIDERANÇA, E QUE O LÍDER NÃO SOMENTE APRENDA, MAS ENSINE COM PALAVRAS E ATITUDES.

Jesus foi uma figura histórica que pregou o amor, a compaixão e a não violência, e continua a inspirar líderes e indivíduos em todo o mundo a cultivar essas mesmas virtudes. Neste ensaio, vamos explorar a importância de cultivar a paz e a mansidão, usando a história de Jesus Cristo como um exemplo e trazendo para a vida dos líderes atuais.

Em primeiro lugar, a história de Jesus Cristo ensina-nos que a paz e a mansidão são fundamentais para a construção de relacionamentos saudáveis e duradouros. Quando Jesus pregou a mensagem do amor e da compaixão, ele incentivou seus seguidores a amar uns aos outros como a si mesmos. Essa mensagem poderosa ajudou a construir uma comunidade unida e amorosa, onde a paz e a harmonia reinavam.

Da mesma forma, os líderes atuais podem cultivar a paz e a mansidão em suas vidas e em suas organizações. Ao promover o respeito, a compaixão e a não violência, eles podem construir relacionamentos fortes e duradouros com seus funcionários, colegas e clientes. Esses relacionamentos podem ajudar a criar um ambiente de trabalho mais produtivo e harmonioso, em que todos se sintam valorizados e respeitados.

Outra lição importante que podemos aprender da história de Jesus Cristo é que a paz e a mansidão são fundamentais para a resolução pacífica de conflitos. Quando Jesus foi confrontado com situações difíceis, ele sempre buscou uma solução pacífica. Ele nunca recorreu à violência ou à agressão, mesmo quando foi injustamente acusado e condenado à morte.

Da mesma forma, os líderes atuais podem usar a paz e a mansidão para resolver conflitos em suas organizações. Em vez de recorrer a táticas agressivas ou de confrontação, eles podem adotar uma abordagem mais pacífica e colaborativa. Isso pode ajudar a criar um ambiente de trabalho mais harmonioso e produtivo, em que todos se sintam valorizados e respeitados.

Finalmente, a história de Jesus Cristo nos ensina que a paz e a mansidão são fundamentais para o bem-estar pessoal e espiritual. Quando Jesus pregou a mensagem do amor e da compaixão, ele incentivou seus seguidores a buscar a paz interior e a encontrar a felicidade em suas vidas. Ele ensinou que a paz interior e a felicidade não podem ser encontradas na riqueza material ou no poder, mas sim na busca da verdade e da justiça.

Da mesma forma, os líderes atuais podem cultivar a paz e a mansidão nas próprias vidas, encontrando tempo para refletir e buscar a verdade e a justiça em suas vidas pessoais e profissionais. Ao cultivar a paz interior, eles podem encontrar um maior senso de propósito e significado em suas vidas, e tornar-se modelos para seus funcionários e colegas.

Em conclusão, a história de Jesus Cristo nos ensina que a paz e a mansidão são fundamentais para a construção de relacionamentos saudáveis e duradouros.

REFERÊNCIA BÍBLICA: LUCAS 6.27-36

"Mas eu digo a vocês que estão me ouvindo: Amem os seus inimigos, façam o bem aos que os odeiam, abençoem os que os amaldiçoam, orem por aqueles que os maltratam".

Se alguém lhe bater numa face, ofereça-lhe também a outra. Se alguém lhe tirar a capa, não o impeça de tirar-lhe a túnica.

Dê a todo o que lhe pedir, e se alguém tirar o que pertence a você, não lhe exija que o devolva.

Como vocês querem que os outros lhes façam, façam também vocês a eles.

"Que mérito vocês terão, se amarem aos que os amam? Até os 'pecadores' amam aos que os amam.

E que mérito terão, se fizerem o bem àqueles que são bons para com vocês? Até os 'pecadores' agem assim.

E que mérito terão, se emprestarem a pessoas de quem esperam devolução? Até os 'pecadores' emprestam a 'pecadores', esperando receber devolução integral.

Amém, porém, os seus inimigos, façam-lhes o bem e emprestem a eles, sem esperar receber nada de volta. Então, a recompensa que terão será grande e vocês serão filhos do Altíssimo, porque ele é bondoso para com os ingratos e maus.

Sejam misericordiosos, assim como o Pai de vocês é misericordioso".

4 TOMAR MEDIDAS IMPOPULARES

Como um líder religioso, Jesus confrontou os fariseus e saduceus, aqueles que eram os "estudiosos" da Lei de Deus, mandamentos entregues a Moisés, e por muitas vezes falou aquilo que não agradava a todos, se tornando popular para muitos, mas não para todos.

O líder tem que tomar decisões e saber que, muitas vezes, serão decisões que não irão agradar a todos, especialmente a membros de sua equipe.

Eu costumo dizer aos meus liderados que sempre os ouvirei antes de tomar decisões, porém cabe a mim decidir e nem sempre seguirei a opinião dada por um ou outro, logo meu papel não será o de estar "bem na foto" com todos, mas sim fazer o que deve ser feito, seguindo princípios éticos e que nos levem a alcançar os objetivos propostos.

PÍLULA:
NOS RELACIONAMENTOS, É IMPORTANTE SABER QUE NEM SEMPRE CONCORDAREMOS EM TUDO, PORÉM CABE AO LÍDER ASSUMIR A RESPONSABILIDADE DE DECIDIR.

O líder deve, mediante ao que é correto e tendo firmeza de caráter, agir com energia contra algo errado, deixando uma marca inesquecível para as pessoas.

O GALILEU

A história de Jesus Cristo, como descrita na Bíblia, é uma fonte de inspiração para muitos líderes que desejam tomar medidas impopulares. Jesus foi um líder que desafiou as normas e as expectativas da sociedade em que viveu, enfrentando oposição e críticas por suas ações. Neste ensaio, vamos explorar a importância de tomar medidas impopulares, usando a história de Jesus Cristo como um exemplo e trazendo para a vida dos líderes atuais.

Em primeiro lugar, a história de Jesus Cristo nos ensina que às vezes é necessário tomar medidas impopulares para alcançar objetivos importantes e duradouros. Jesus sabia que suas mensagens e ações provocariam críticas e oposições, mas ele estava comprometido em fazer o que achava certo e justo. Ele estava disposto a assumir os riscos e enfrentar as consequências de suas ações, sabendo que seus objetivos eram mais importantes do que sua popularidade.

Os líderes atuais também podem precisar tomar medidas impopulares para alcançar objetivos importantes e duradouros. Ao tomar decisões difíceis, como cortes de custos, demissões ou mudanças na cultura organizacional, os líderes podem enfrentar resistência e oposição. No entanto, eles devem manter o foco em seus objetivos e estar dispostos a assumir os riscos necessários para alcançá-los.

Outra lição importante que podemos aprender da história de Jesus Cristo é que as medidas impopulares devem ser tomadas com um propósito claro e justificável. Jesus não tomou decisões impulsivas ou sem pensar nas consequências. Ele teve um objetivo claro em mente: pregar a mensagem do amor, da compaixão e da justiça. Todas as suas ações foram orientadas para este objetivo maior.

Da mesma forma, os líderes atuais devem tomar medidas impopulares com um propósito claro e justificável. Eles devem ser capazes de explicar claramente por que a decisão é necessária e como ela se alinha aos objetivos da organização. Ao fazê-lo, eles podem ajudar a garantir que as medidas impopulares sejam vistas como um passo necessário para alcançar um objetivo maior.

Finalmente, a história de Jesus Cristo nos ensina que tomar medidas impopulares pode ter consequências negativas, mas também pode levar a mudanças positivas e duradouras. Jesus enfrentou críticas e oposições por suas ações, mas sua mensagem de amor, compaixão e justiça acabou por influenciar o mundo e inspirar gerações de pessoas. Ele sabia que a mudança não seria fácil ou rápida, mas estava disposto a pagar o preço.

Da mesma forma, os líderes atuais devem estar preparados para enfrentar as consequências de suas decisões impopulares. Eles podem enfrentar críticas e oposições, e pode levar tempo para ver os resultados positivos. No entanto, se eles permanecerem fiéis a seus objetivos e valores, e continuarem a tomar decisões corajosas, podem ajudar a criar mudanças positivas e duradouras em suas organizações e na sociedade em geral.

REFERÊNCIA BÍBLICA: JOÃO 2.13-21

Quando já estava chegando a Páscoa judaica, Jesus subiu a Jerusalém.

No pátio do templo viu alguns vendendo bois, ovelhas e pombas, e outros assentados diante de mesas, trocando dinheiro.

Então ele fez um chicote de cordas e expulsou todos do templo, bem como as ovelhas e os bois; espalhou as moedas dos cambistas e virou as suas mesas.

Aos que vendiam pombas disse: "Tirem estas coisas daqui! Parem de fazer da casa de meu Pai um mercado!".

Seus discípulos lembraram-se que está escrito: "O zelo pela tua casa me consumirá".

Então os judeus lhe perguntaram: *"Que sinal miraculoso o senhor pode mostrar-nos como prova da sua autoridade para fazer tudo isso?"*.

Jesus lhes respondeu: *"Destruam este templo, e eu o levantarei em três dias".*

Os judeus responderam: *"Este templo levou quarenta e seis anos para ser edificado, e o senhor vai levantá-lo em três dias?".*

Mas o templo do qual ele falava era o seu corpo.

5 CONSIDERAR O CONTEXTO

Jesus sabia qual era a situação vivida pelo povo e o que eles esperavam. Um Rei de Israel que viesse libertá-los das mãos dos Romanos, porém o Reino apresentado por Jesus era diferente disso. Ele não veio com um exército e não proclamou uma guerra, em vez disso ele demonstrou compaixão, chamando o povo ao arrependimento.

O líder deve explorar as opções, entender o cenário e buscar alternativas.

PÍLULA:
É FUNDAMENTAL QUE O LÍDER TENHA CAUTELA PARA RECONHECER O CONTEXTO DA SITUAÇÃO PARA QUE, SÓ ENTÃO, POSSA AGIR DE ACORDO.

Uma das lições mais importantes que podemos aprender da história de Jesus é a importância de considerar o contexto ao tomar decisões. Neste ensaio, vamos explorar esta lição, usando a história de Jesus Cristo como exemplo e trazendo-a para a vida dos líderes atuais.

Em primeiro lugar, a história de Jesus Cristo nos ensina que é importante considerar o contexto histórico e cultural em que estamos inseridos. Jesus viveu em uma época em que havia muita tensão e conflito político e religioso. A Judeia estava sob o domínio romano e o povo judeu estava ansioso por um libertador que os livraria do jugo romano. Jesus sabia que sua mensagem de amor e compaixão precisava ser comunicada de uma forma que fosse relevante para as pessoas de sua época. Ele falou em parábolas e usou exemplos que eram familiares às pessoas de sua época.

Os líderes atuais também precisam considerar o contexto em que estão inseridos. Eles devem estar cientes das condições econômicas, políticas e sociais que afetam suas organizações e comunidades. Ao fazer isso, eles podem tomar decisões que são relevantes e significativas para as pessoas com as quais trabalham.

Além disso, a história de Jesus Cristo nos ensina que é importante considerar o contexto social e cultural das pessoas com as quais trabalhamos. Jesus sabia que sua mensagem precisava ser adaptada para diferentes públicos. Ele falou de maneira diferente com os fariseus, os saduceus e os pescadores de seu tempo. Ele se adaptou ao seu público, a fim de se comunicar de forma eficaz.

Os líderes atuais também devem estar cientes das diferenças culturais e sociais entre as pessoas com as quais trabalham. Eles devem levar em conta as diferenças de gênero, raça, etnia, religião, orientação sexual e outras características que afetam a maneira como as pessoas percebem o mundo ao seu redor. Ao fazer isso, eles podem criar um ambiente de trabalho mais inclusivo e equitativo.

Por fim, a história de Jesus Cristo nos ensina que é importante considerar o contexto em que as decisões são tomadas. Jesus sabia que suas ações teriam consequências e ele as tomou de acordo com sua compreensão do que era necessário naquele momento. Ele não tomou decisões precipitadas ou baseadas em emoções. Ele considerou o que era melhor para as pessoas que estavam ao seu redor e para a mensagem que ele queria transmitir.

Os líderes atuais também devem considerar o contexto em que suas decisões são tomadas. Eles devem levar em conta as necessidades e desejos das pessoas que serão afetadas por suas decisões. Eles também devem estar cientes das implicações a longo prazo de suas decisões. Ao fazer isso, eles podem tomar decisões informadas e responsáveis.

Em conclusão, a história de Jesus Cristo é uma fonte de inspiração para líderes de todos os tipos. A importância de considerar o contexto é uma lição que podemos aprender da história de Jesus.

REFERÊNCIA BÍBLICA: JOÃO 5:1-15

Algum tempo depois, Jesus subiu a Jerusalém para uma festa dos judeus.

Há em Jerusalém, perto da porta das Ovelhas, um tanque que, em aramaico, é chamado Betesda, tendo cinco entradas em volta.

Ali costumava ficar grande número de pessoas doentes e inválidas: cegos, mancos e paralíticos. Eles esperavam um movimento nas águas.

De vez em quando descia um anjo do Senhor e agitava as águas. O primeiro que entrasse no tanque, depois de agitada as águas, era curado de qualquer doença que tivesse.

Um dos que estavam ali era paralítico fazia trinta e oito anos.

Quando o viu deitado e soube que ele vivia naquele estado durante tanto tempo, Jesus lhe perguntou: "Você quer ser curado?". Disse o paralítico: "Senhor, não tenho ninguém que me ajude a entrar no tanque quando a água é agitada. Enquanto estou tentando entrar, outro chega antes de mim".

Então Jesus lhe disse: "Levante-se! Pegue a sua maca e ande".

Imediatamente o homem ficou curado, pegou a maca e começou a andar. Isso aconteceu num sábado, e, por essa razão, os judeus disseram ao homem que havia sido curado: "Hoje é sábado, não lhe é permitido carregar a maca".

Mas ele respondeu: "O homem que me curou me disse: 'Pegue a sua maca e ande'".

Então lhe perguntaram: "Quem é esse homem que lhe mandou pegar a maca e andar?".

O homem que fora curado não tinha ideia de quem era ele, pois Jesus havia desaparecido no meio da multidão.

Mais tarde, Jesus o encontrou no templo e lhe disse: "Olhe, você está curado. Não volte a pecar, para que algo pior não lhe aconteça".

O homem foi contar aos judeus que fora Jesus quem o tinha curado.

6 AJUDAR A QUEM PEDIR

Como observamos em diversas passagens na Bíblia, Jesus Cristo sempre esteve disposto a ajudar aqueles que verdadeiramente acreditavam no seu poder, independente de quem fosse, fosse rico, pobre, homem, mulher leproso, cego. O que precisamos é pedir ajuda quando for necessário e sermos solidários, confiando que Deus fará o melhor em nossas vidas.

**PÍLULA:
DEVEMOS AJUDAR A QUEM CHEGAR COM MÃOS VAZIAS E ESTENDIDAS, PRINCIPALMENTE OS EXCLUÍDOS, RECONHECENDO SUAS PRÓPRIAS FALHAS E NECESSIDADES, SEMPRE ESTANDO À DISPOSIÇÃO DOS DEMAIS.**

Uma das lições mais importantes que podemos aprender da história de Jesus é a importância de ajudar quem pede ajuda. Neste ensaio, vamos explorar esta lição, usando a história de Jesus Cristo como exemplo e trazendo-a para a vida dos líderes atuais.

Jesus Cristo é conhecido como um líder espiritual e seu ministério foi baseado em ajudar os outros. Ele passou seu tempo curando os doentes, alimentando os famintos, confortando os tristes e ensinando aqueles que buscavam sabedoria. Jesus não fazia distinção entre ricos e pobres, poderosos e fracos, ou entre pessoas de diferentes etnias e religiões. Ele ajudava a todos que o procuravam, sem julgamento ou discriminação.

Os líderes atuais podem aprender muito com a história de Jesus Cristo. Eles também têm a responsabilidade de ajudar aqueles que pedem ajuda. É importante que os líderes estejam disponíveis para ouvir e responder às necessidades dos outros. Quando os membros de uma equipe se sentem apoiados e cuidados, são mais propensos a trabalhar com mais empenho e engajamento.

Além disso, os líderes devem estar dispostos a ajudar a todos, independentemente de sua posição social ou status financeiro. Muitas vezes, os líderes são tentados a ajudar apenas aqueles que são percebidos como "importantes". No entanto, isso é um erro, pois todas as pessoas merecem ajuda e atenção. Quando os líderes ajudam aqueles que pedem ajuda, independentemente de sua posição social ou status financeiro, estão demonstrando seu compromisso com a justiça e a igualdade.

Outra lição importante que podemos aprender da história de Jesus Cristo é a importância de ajudar de forma prática. Jesus Cristo não apenas ofereceu palavras de conforto e sabedoria, mas também se empenhou em ajudar de forma prática. Ele curou os doentes, alimentou os famintos e confortou os tristes. Essa abordagem prática é importante porque ajuda as pessoas a sentir que suas necessidades são compreendidas e atendidas.

Os líderes atuais também devem ajudar de forma prática. Isso pode incluir fornecer recursos para resolver problemas específicos, oferecer orientação e treinamento, ou mesmo fazer as tarefas mais básicas para ajudar os membros da equipe. Quando os líderes ajudam de forma prática, estão demonstrando seu compromisso com a solução de problemas e com a construção de relacionamentos de confiança com os membros da equipe.

Finalmente, a história de Jesus Cristo nos ensina que a ajuda deve ser oferecida de forma voluntária e generosa. Jesus não ajudou os outros por obrigação ou por recompensa. Ele ajudou porque se importava com as pessoas e queria ajudá-las. Ajudar os outros deve ser uma escolha livre e generosa, não uma obrigação ou um dever.

Os líderes atuais devem seguir o exemplo de Jesus Cristo e oferecer ajuda de forma voluntária e generosa. Isso significa estar disposto a ajudar mesmo quando não há recompensa.

REFERÊNCIA BÍBLICA: MATEUS 8.1-16

Quando ele desceu do monte, grandes multidões o seguiram.

Um leproso, aproximando-se, adorou-o de joelhos e disse: "Senhor, se quiseres, podes purificar-me!".

Jesus estendeu a mão, tocou nele e disse: "Quero. Seja purificado!". Imediatamente ele foi purificado da lepra.

Em seguida, Jesus lhe disse: "Olhe, não conte isso a ninguém. Mas vá mostrar-se ao sacerdote e apresente a oferta que Moisés ordenou, para que sirva de testemunho".

Entrando Jesus em Cafarnaum, dirigiu-se a ele um centurião, pedindo-lhe ajuda.

E disse: "Senhor, meu servo está em casa, paralítico, em terrível sofrimento".

Jesus lhe disse: "Eu irei curá-lo".

Respondeu o centurião: "Senhor, não mereço receber-te debaixo do meu teto. Mas dize apenas uma palavra, e o meu servo será curado.

Pois eu também sou homem sujeito à autoridade, com soldados sob o meu comando. Digo a um: 'Vá', e ele vai; e a outro: 'Venha', e ele vem. Digo a meu servo: 'Faça isto', e ele faz".

Ao ouvir isso, Jesus admirou-se e disse aos que o seguiam: "Digo-lhes a verdade: Não encontrei em Israel ninguém com tamanha fé.

Eu lhes digo que muitos virão do Oriente e do Ocidente, e se sentarão à mesa com Abraão, Isaque e Jacó no Reino dos céus.

Mas os súditos do Reino serão lançados para fora, nas trevas, onde haverá choro e ranger de dentes".

Então Jesus disse ao centurião: "Vá! Como você creu, assim lhe acontecerá!". Na mesma hora o seu servo foi curado.

Entrando Jesus na casa de Pedro, viu a sogra deste de cama, com febre.

Tomando-a pela mão, a febre a deixou, e ela se levantou e começou a servi-lo.

Ao anoitecer foram trazidos a ele muitos endemoninhados, e ele expulsou os espíritos com uma palavra e curou todos os doentes.

7 GANHAR APOIADORES

À medida que Jesus Cristo realizava grandes feitos, mais e mais pessoas se achegavam a Ele. A verdade é uma, quando Ele realizava a vontade das pessoas, as chances de elas acreditarem nele e o seguirem era muito maior.

PÍLULA:
LÍDERES NÃO PRECISAM APENAS DE ALIADOS, ELES PRECISAM DE APOIADORES.

A habilidade de conquistar apoiadores é fundamental para qualquer líder, independentemente da área em que atue. É uma das principais habilidades de liderança, pois é impossível alcançar objetivos ambiciosos sem o apoio de outras pessoas. Neste contexto, podemos aprender muito com a história de Jesus Cristo, descrita na Bíblia, sobre como ganhar e manter apoiadores leais e comprometidos.

Em primeiro lugar, é importante destacar que Jesus Cristo foi um líder carismático, que conseguiu cativar uma grande quantidade de pessoas por meio de suas palavras e ações. Ele sempre se mostrou acessível e disposto a ajudar, o que gerou uma grande empatia com aqueles que o cercavam. Além disso, Jesus tinha uma visão clara do que queria alcançar e era capaz de comunicá-la de forma clara e persuasiva.

Outro aspecto importante da liderança de Jesus foi a sua capacidade de formar uma equipe forte e comprometida. Ele escolheu doze discípulos que o acompanharam durante toda a sua jornada e que foram essenciais para a disseminação da sua mensagem. Jesus investiu tempo e energia no treinamento e na capacitação desses discípulos, preparando-os para liderar outros grupos e continuar a sua obra após a sua morte.

No entanto, nem todas as pessoas que cercavam Jesus eram seus apoiadores leais. Ele também enfrentou muita resistência e oposição por parte dos líderes religiosos e políticos da época. Mesmo assim, Jesus não desistiu de sua missão e continuou a trabalhar para conquistar o coração das pessoas, mostrando sempre humildade, compaixão e sabedoria em suas ações.

Na atualidade, os líderes enfrentam desafios semelhantes ao de Jesus na sua época. Para ganhar apoiadores, é necessário ter uma visão clara do que se quer alcançar, ser carismático e ter habilidades de comunicação eficazes. Além disso, é fundamental formar equipes fortes e comprometidas, investindo tempo e recursos no treinamento e capacitação de colaboradores.

Entretanto, é importante lembrar que nem todas as pessoas serão apoiadoras leais. Pode haver resistência e oposição, especialmente quando se está liderando uma transformação significativa. Nesses momentos, é fundamental manter a serenidade e a humildade, buscando compreender as perspectivas divergentes e buscando sempre uma abordagem baseada em fatos e dados.

Outro aspecto relevante na conquista de apoiadores é a capacidade de entender as necessidades e desejos das pessoas. Cada indivíduo tem sua própria perspectiva e motivações. Portanto, é importante estar disposto a ouvir e compreender as preocupações e anseios das pessoas, buscando apresentar soluções que possam atender essas necessidades.

Por fim, é essencial lembrar que a conquista de apoiadores leais não é uma tarefa fácil, e exige tempo, esforço e dedicação. É preciso estabelecer relacionamentos de confiança e demonstrar comprometimento com as pessoas e suas necessidades. O líder deve estar sempre presente e acessível, demonstrando interesse genuíno em seus apoiadores.

REFERÊNCIA BÍBLICA: MATEUS 9:1-8

Entrando Jesus num barco, atravessou o mar e foi para a sua própria cidade.

Alguns homens trouxeram-lhe um paralítico, deitado numa cama. Vendo a fé que eles tinham, Jesus disse ao paralítico: "Tenha bom ânimo, filho; os seus pecados estão perdoados".

Diante disso, alguns mestres da lei disseram a si mesmos: "Este homem está blasfemando!".

Conhecendo Jesus seus pensamentos, disse-lhes: "Por que vocês pensam maldosamente em seus corações?

Que é mais fácil dizer: 'Os seus pecados estão perdoados', ou: 'Levante-se e ande'?

Mas, para que vocês saibam que o Filho do homem tem na terra autoridade para perdoar pecados" — disse ao paralítico: "Levante-se, pegue a sua maca e vá para casa".

Ele se levantou e foi.

Vendo isso, a multidão ficou cheia de temor e glorificou a Deus, que dera tal autoridade aos homens.

8 PARAR E REFLETIR

Por muitas vezes não nos permitimos viver certas emoções, sejam elas boas ou ruins, entramos no modo automático e perdemos o rumo. Devemos nos retirar, colocar tudo aos pés do Senhor e confiar que Ele nos dará a direção correta para seguirmos. Jesus Cristo, antes de ser crucificado, se retirou e foi orar ao Pai. Independentemente de sua crença, o importante é parar por um momento para refletir, meditar e só então agir.

**PÍLULA:
A LEITURA E O SILÊNCIO SÃO FORTES INCENTIVOS PARA PROMOVER A REFLEXÃO E A PAZ INTERIOR.**

Essa habilidade é fundamental para líderes atuais que buscam tomar decisões ponderadas e baseadas em princípios sólidos.

Em muitos momentos da Bíblia, Jesus é visto parando para orar e meditar antes de tomar decisões importantes. Por exemplo, antes de escolher seus doze apóstolos, ele passou a noite em oração, buscando a direção divina para essa decisão crucial. Esse exemplo mostra a importância de se reservar um tempo para refletir e buscar orientação antes de tomar decisões importantes.

A reflexão também é fundamental para a liderança em momentos de crise. A história de Jesus no Jardim do Getsêmani é um exemplo disso. Naquela noite, Jesus sabia que seria preso e condenado à morte, em vez de agir impulsivamente, ele se retirou para orar e buscar forças para enfrentar o que estava por vir. Essa capacidade de parar e refletir em momentos de dificuldade é fundamental para líderes que precisam tomar decisões difíceis.

Outra lição importante é que a reflexão não deve ser um processo solitário. Jesus frequentemente buscava o conselho de seus discípulos e de outras pessoas de confiança antes de tomar decisões importantes. Isso mostra a importância de ouvir diferentes perspectivas e opiniões antes de chegar a uma conclusão.

Para líderes atuais, a reflexão pode ser uma ferramenta importante para avaliar suas próprias motivações e intenções. É fácil se deixar levar pelas pressões externas e perder de vista o que realmente importa. Parar e refletir sobre nossos valores e objetivos pode ajudar a manter o foco e a clareza em momentos de incerteza.

Além disso, a reflexão pode ser uma ferramenta importante para identificar áreas de melhoria em nossa liderança. Jesus frequentemente confrontava seus discípulos e outros líderes religiosos sobre suas falhas e hipocrisias, mas ele também se autoavaliava constantemente. A capacidade de ser honesto consigo mesmo e de reconhecer nossas próprias falhas é fundamental para crescer como líderes e como seres humanos.

Por fim, é importante lembrar que a reflexão não deve ser um fim em si mesmo. É importante que os líderes ajam com base em suas reflexões e busquem colocar em prática os princípios e valores que identificaram como importantes. A história de Jesus Cristo mostra que a ação corajosa e alinhada com nossos valores é fundamental para liderar com eficácia.

Em resumo, a história de Jesus Cristo descrita na Bíblia nos ensina sobre a importância de parar e refletir antes de tomar decisões importantes. Essa habilidade pode ajudar os líderes atuais a avaliar seus valores e objetivos, buscar orientação divina e de outras pessoas de confiança, identificar áreas de melhoria em sua liderança e agir com coragem e alinhados com seus valores.

REFERÊNCIA BÍBLICA: MARCOS 1.35-38

De madrugada, quando ainda estava escuro, Jesus levantou-se, saiu de casa e foi para um lugar deserto, onde ficou orando.

Simão e seus companheiros foram procurá-lo e, ao encontrá-lo, disseram: "Todos estão te procurando!".

Jesus respondeu: "Vamos para outro lugar, para os povoados vizinhos, para que também lá eu pregue. Foi para isso que eu vim".

9 GARANTIR O COMPROMISSO

Quando esperamos algo de alguém, costumamos esperar que eles adivinhem nossas vontades. Devemos deixar as informações bem claras; assim garantimos que ambas as partes farão o que precisarem para alcançar o objetivo. Quando lemos a Bíblia, notamos diversas situações em que Jesus deixa clara sua vontade, garantindo o compromisso real de seus discípulos. Encontramos um exemplo na passagem onde Jesus sobe no barco de Simão, que estava limpando as redes, pois havia tentado pescar a noite inteira, e ordena que ele vá para o fundo e jogue novamente a rede ao mar. Simão retruca dizendo que tentou a noite inteira e nada havia pescado, mas com a ordem vinda de Jesus ele o fez e a rede veio transbordando de peixes.

PÍLULA:
NO QUE DIZ RESPEITO AO EMPENHO, AO COMPROMISSO, AO ESFORÇO, À DEDICAÇÃO, NÃO EXISTE MEIO-TERMO. OU VOCÊ FAZ UMA COISA BEM-FEITA OU NÃO FAZ.

A liderança é uma responsabilidade significativa que requer um compromisso inabalável com a realização de objetivos, tanto pessoais quanto organizacionais. Em muitos casos, os líderes são confrontados com desafios que exigem que tomem medidas difíceis para alcançar os resultados desejados.

No entanto, sem um compromisso inabalável, as medidas tomadas podem não levar a resultados significativos.

Na Bíblia, a história de Jesus Cristo é um exemplo perfeito de um líder que tinha um compromisso inabalável em alcançar seus objetivos. A sua jornada foi caracterizada por uma série de desafios, incluindo a perseguição de seus inimigos, a incompreensão de seus seguidores e a inevitabilidade de sua própria morte. Mesmo assim, Jesus não vacilou em seu compromisso de realizar sua missão na Terra.

Jesus enfrentou oposição de várias fontes. Ele foi perseguido pelos líderes religiosos de sua época, que o viam como uma ameaça à autoridade e influência. Também foi confrontado por autoridades políticas que viam a sua popularidade como uma ameaça à ordem pública. Apesar disso, Jesus permaneceu firme em seus objetivos e continuou a pregar sua mensagem de amor e salvação.

A história de Jesus também ilustra a importância de garantir o compromisso de seus seguidores. Ao escolher seus discípulos, Jesus selecionou pessoas que eram leais e comprometidas com sua missão. Ele os ensinou a importância do amor, da empatia e da compaixão pelos outros. Esses valores os ajudaram a se manter fiéis à sua missão mesmo depois de sua morte.

No mundo atual, os líderes enfrentam desafios semelhantes aos de Jesus. Eles podem encontrar resistência de pessoas que se sentem ameaçadas pelo seu poder ou influência. Além disso, eles podem ter dificuldade em manter seus seguidores comprometidos com sua visão, especialmente em tempos de mudança e incerteza.

Uma maneira de garantir o compromisso dos seguidores é envolvê-los na tomada de decisões importantes. Quando os membros de uma equipe têm voz ativa na formulação de estratégias e planos, eles são mais propensos a se comprometer com os objetivos da organização. Isso os ajuda a sentir que são parte integrante do processo e os mantém engajados e motivados.

Outra maneira de garantir o compromisso é ter um propósito claro e significativo. Quando as pessoas se sentem conectadas a uma causa maior, são mais propensas a se envolverem com ela. Os líderes precisam comunicar sua visão e seus valores de forma clara e inspiradora, para que os membros de sua equipe se sintam motivados a trabalhar em prol do objetivo comum.

Por fim, é importante que os líderes sejam autênticos e transparentes em sua abordagem. Os membros da equipe precisam confiar em seus líderes e acreditar que eles estão comprometidos com o sucesso da organização. Isso significa ser aberto e honesto sobre as dificuldades que enfrentam e tomar medidas para abordá-las.

REFERÊNCIA BÍBLICA: LUCAS 9:57-62

Quando andavam pelo caminho, um homem lhe disse: "Eu te seguirei por onde quer que fores".

Jesus respondeu: "As raposas têm suas tocas e as aves do céu têm seus ninhos, mas o Filho do homem não tem onde repousar a cabeça".

A outro disse: "Siga-me". Mas o homem respondeu: "Senhor, deixa-me ir primeiro sepultar meu pai".

Jesus lhe disse: "Deixe que os mortos sepultem os seus próprios mortos; você, porém, vá e proclame o Reino de Deus".

Ainda outro disse: "Vou seguir-te, Senhor, mas deixa-me primeiro voltar e me despedir da minha família".

Jesus respondeu: "Ninguém que põe a mão no arado e olha para trás é apto para o Reino de Deus".

10 CONTROLAR A SITUAÇÃO

Quando estamos vivendo um caos, sempre buscamos alguém que tenha a calma necessária para direcionar ou resolver a situação. O líder deve ser o porto seguro no momento de caos.

No livro de Marcos, capítulo 6, o texto fala sobre a multidão que reconhece Jesus e se desloca para o deserto com o intuito de ouvi-Lo pregar. Jesus, vendo grande multidão, se compadeceu deles, porque eram como ovelhas sem pastores e passou a ensinar-lhes muitas coisas. As horas se passaram, e os discípulos disseram a Jesus: "Despede-os para que possam comprar o que comer'. Porém Jesus diz: "Dai-lhes vós mesmos o que comer", e houve a multiplicação dos pães e peixes. Detalhe importante: só após todos comerem e se fartarem, Jesus os dispensou e se retirou para orar.

PÍLULA:
CONTROLE A SITUAÇÃO OU ALGUÉM A CONTROLARÁ POR VOCÊ.

A habilidade de controlar uma situação é uma característica valorizada em muitos líderes em diferentes campos. Em situações de alta pressão, conflito ou incerteza, é crucial ter a capacidade de se manter calmo, tomar decisões sábias e liderar efetivamente. A história de Jesus Cristo, descrita na Bíblia, fornece várias lições sobre como controlar uma situação, mesmo em condições difíceis.

Um exemplo claro disso é encontrado no evangelho de Marcos, quando Jesus enfrentou a tempestade no Mar da Galileia. Os discípulos estavam com medo de que o barco afundasse e Jesus estivesse dormindo. Eles o acordaram, e Ele, com uma palavra, acalmou a tempestade. Esta história nos ensina sobre a importância de manter a calma em meio a uma situação difícil. Jesus não entrou em pânico nem perdeu o controle. Ele agiu com confiança e autoridade, e seus discípulos ficaram maravilhados com o que Ele fez.

Os líderes atuais também enfrentam situações difíceis em suas vidas pessoais e profissionais. O sucesso de um líder muitas vezes depende da capacidade de lidar com essas situações de forma positiva e eficaz. Alguns líderes tendem a entrar em pânico e reagir impulsivamente em momentos de crise, enquanto outros são capazes de manter a calma e tomar decisões sábias. É importante aprender com o exemplo de Jesus Cristo e desenvolver a capacidade de controlar a situação em situações difíceis.

Outro exemplo importante é encontrado no relato da ressurreição de Lázaro no evangelho de João. Quando Jesus chegou à casa de Lázaro, ele já havia morrido e sido colocado em um túmulo. A irmã de Lázaro, Marta, expressou sua frustração a Jesus, dizendo: "Senhor, se você tivesse estado aqui, meu irmão não teria morrido" (João 11:21). Mas Jesus pediu que a pedra fosse removida do túmulo e, com uma palavra, chamou Lázaro de volta à vida. Este milagre mostrou o poder e a autoridade de Jesus, mas também ensinou uma lição importante a respeito do controle da situação.

Em vez de se sentir impotente e lamentar a morte de Lázaro, Jesus tomou uma atitude. Ele pediu que a pedra fosse removida e tomou medidas para trazer Lázaro de volta à vida. Isso nos ensina que, mesmo em situações aparentemente sem solução, há sempre algo que podemos fazer para controlar a situação e fazer a diferença. A história de Lázaro também nos ensina que, quando confrontados com a morte e a perda, podemos encontrar esperança na promessa da ressurreição e da vida eterna.

Para líderes atuais, esta lição é particularmente importante. Eles muitas vezes são confrontados com situações aparentemente sem solução, como a perda de um emprego, uma crise financeira, ou um problema pessoal ou familiar.

REFERÊNCIA BÍBLICA: MARCOS 4.35-41

Naquele dia, ao anoitecer, disse ele aos seus discípulos: "Vamos atravessar para o outro lado".

Deixando a multidão, eles o levaram no barco, assim como estava. Outros barcos também o acompanhavam.

Levantou-se um forte vendaval, e as ondas se lançavam sobre o barco, de forma que este foi se enchendo de água.

Jesus estava na popa, dormindo com a cabeça sobre um travesseiro. Os discípulos o acordaram e clamaram: "Mestre, não te importas que morramos?".

Ele se levantou, repreendeu o vento e disse ao mar: "Aquiete-se! Acalme-se!". O vento se aquietou, e fez-se completa bonança.

Então perguntou aos seus discípulos: "Por que vocês estão com tanto medo? Ainda não têm fé?".

Eles estavam apavorados e perguntavam uns aos outros: "Quem é este que até o vento e o mar lhe obedecem?".

11 CAUSAR DESCONFORTO

Encontramos na Bíblia situações em que as pessoas ao redor de Jesus ficavam incomodadas com seus feitos. Na passagem do encontro de Jesus com o cego, os discípulos questionam Jesus quem havia pecado para que aquele homem nascesse daquela forma. E Jesus responde dizendo que ele havia nascido cego para que o poder de Deus se mostrasse nele. Jesus então cura o cego. Imaginem o grande alvoroço que foi criado por aquela situação. Não é comum um cego de nascença ser curado, muito menos ser curado em um sábado, algo que para os judeus era inaceitável. O encontro de Jesus com o cego de nascença gera um dos maiores milagres que a Bíblia já narrou, porém, esse mesmo encontro gerou grande desconforto nos religiosos da época. O principal motivo de Jesus ter feito tal coisa foi quebrar a religiosidade dos discípulos, dos fariseus, e para libertar os cativos.

PÍLULA:
VIVA FORA DA ZONA DE CONFORTO,
USANDO A INSATISFAÇÃO PARA ALCANÇAR
GRANDES METAS E PARA ROMPER COM O STATUS QUO.

A história de Jesus Cristo é rica em exemplos de como ele causou desconforto em sua época para levar adiante sua mensagem de amor, justiça e paz. Esse desconforto foi necessário para romper com os padrões estabelecidos e para desafiar as tradições que impediam o progresso e a evolução.

Hoje, líderes em diversas áreas da sociedade precisam estar dispostos a causar desconforto para enfrentar problemas e mudar a realidade. Sejam líderes políticos, empresariais, religiosos ou sociais, todos precisam ser corajosos e agir de forma disruptiva para superar as barreiras que impedem o avanço.

Para exemplificar a importância de causar desconforto, podemos nos lembrar de algumas passagens bíblicas em que Jesus agiu dessa maneira. Uma das mais emblemáticas foi quando ele expulsou os vendedores do templo, por considerar que aquele lugar havia se tornado um mercado de exploração. Essa atitude causou um grande desconforto entre os comerciantes e os líderes religiosos da época, mas mostrou a importância de manter a integridade e a ética em todos os aspectos da vida.

Outro exemplo importante foi quando Jesus se aproximou de pessoas marginalizadas e excluídas da sociedade, como os leprosos e as prostitutas. Essa atitude também causou desconforto entre os líderes religiosos e sociais da época, mas mostrou a importância de valorizar todas as pessoas, independentemente de sua origem ou condição social.

Atualmente, líderes em diversas áreas da sociedade enfrentam situações em que precisam causar desconforto para promover mudanças significativas. Um exemplo são os líderes políticos que lutam contra a corrupção e a desigualdade, enfrentando grandes interesses e poderes estabelecidos. Outro exemplo são os líderes empresariais que se dedicam a promover a sustentabilidade e a responsabilidade social, mudando a cultura organizacional e os padrões de consumo.

No entanto, é importante lembrar que causar desconforto não é sinônimo de ser agressivo ou desrespeitoso. É possível causar desconforto de maneira respeitosa e gentil, mas, ainda assim, firme e assertiva. Além disso, é importante ter em mente que o objetivo não é causar o desconforto em si, mas sim usá-lo como ferramenta para promover mudanças positivas e construtivas.

Para garantir que essa abordagem seja eficaz, é importante que os líderes cultivem habilidades como a empatia, a escuta ativa e a comunicação clara e objetiva. É necessário também ter uma visão clara dos objetivos e dos valores que se deseja alcançar, para que seja possível orientar as ações e decisões de maneira coerente e consistente.

Em resumo, a importância de causar desconforto está na necessidade de romper com os padrões estabelecidos e desafiar as tradições que impedem o progresso e a evolução. Essa abordagem é necessária para enfrentar problemas e promover mudanças significativas em diversas áreas da sociedade.

REFERÊNCIA BÍBLICA: MARCOS 5.1-20

Eles atravessaram o mar e foram para a região dos gerasenos.

Quando Jesus desembarcou, um homem com um espírito imundo veio dos sepulcros ao seu encontro.

Esse homem vivia nos sepulcros, e ninguém conseguia prendê-lo, nem mesmo com correntes; pois muitas vezes lhe haviam sido acorrentados pés e mãos, mas ele arrebentara as correntes e quebrara os ferros de seus pés. Ninguém era suficientemente forte para dominá-lo.

Noite e dia ele andava gritando e cortando-se com pedras entre os sepulcros e nas colinas.

Quando ele viu Jesus de longe, correu e prostrou-se diante dele, e gritou em alta voz: "Que queres comigo, Jesus, Filho do Deus Altíssimo? Rogo-te por Deus que não me atormentes!".

Pois Jesus lhe tinha dito: "Saia deste homem, espírito imundo!".

Então Jesus lhe perguntou: "Qual é o seu nome?". "Meu nome é Legião", respondeu ele, "porque somos muitos".

E implorava a Jesus, com insistência, que não os mandasse sair daquela região.

Uma grande manada de porcos estava pastando numa colina próxima.

Os demônios imploraram a Jesus: "Manda-nos para os porcos, para que entremos neles".

Ele lhes deu permissão, e os espíritos imundos saíram e entraram nos porcos. A manada de cerca de dois mil porcos atirou-se precipício abaixo, em direção ao mar, e nele se afogou.

Os que cuidavam dos porcos fugiram e contaram esses fatos na cidade e nos campos, e o povo foi ver o que havia acontecido.

Quando se aproximaram de Jesus, viram ali o homem que fora possesso da legião de demônios, assentado, vestido e em perfeito juízo; e ficaram com medo.

Os que o tinham visto contaram ao povo o que acontecera ao endemoninhado, e falaram também sobre os porcos.

Então o povo começou a suplicar a Jesus que saísse do território deles.

Quando Jesus estava entrando no barco, o homem que estivera endemoninhado suplicava-lhe que o deixasse ir com ele.

Jesus não o permitiu, mas disse: "Vá para casa, para a sua família e anuncie-lhes quanto o Senhor fez por você e como teve misericórdia de você".

Então, aquele homem se foi e começou a anunciar em Decápolis quanto Jesus tinha feito por ele. Todos ficavam admirados.

12 MISTURAR-SE COM TODOS

Não devemos fazer distinção entre pessoas: pelo contrário, devemos estar onde mais precisam de nossa ajuda.

Quando lemos a história da mulher samaritana no evangelho de João, capítulo 4, notamos que Jesus quebra barreiras, os samaritanos eram totalmente desprezados pelos judeus. Jesus tirou um tempo para conversar com aquela mulher e revelou ser Ele a fonte da vida eterna, o prometido. Aquela mulher teve pressa e testemunhou para o povo sobre Jesus, e houve grande despertamento naquela cidade.

PÍLULA:
MISTURE-SE COM AS PESSOAS DE SUA EQUIPE.

Trazendo para a vida dos líderes atuais, a história de Jesus Cristo, narrada na Bíblia, é repleta de exemplos de como ele se misturou com todas as pessoas, sem distinção de raça, gênero, classe social ou religião. Ele frequentava as sinagogas, as casas dos ricos e dos pobres, comia com pecadores e doentes, dialogava com os líderes religiosos e políticos, enfim, não se isolava em seu próprio mundo ou em um grupo restrito de seguidores.

Esse comportamento de Jesus tem uma grande relevância para os líderes atuais, que muitas vezes se cercam apenas de pessoas com as mesmas ideias, interesses e objetivos, sem buscar ouvir outras perspectivas, opiniões e realidades.

Isso pode levar a uma visão limitada do mundo, a decisões equivocadas e à falta de empatia com os diferentes grupos da sociedade.

Ao se misturar com todos, Jesus demonstrou sua capacidade de se relacionar com as pessoas, de compreender suas necessidades e de transmitir suas mensagens de maneira clara e acessível. Ele não se limitou a falar para um grupo seleto de pessoas, mas buscou alcançar as massas, que muitas vezes eram marginalizadas e excluídas da sociedade.

Os líderes atuais podem aprender muito com esse exemplo, ao perceberem a importância de se relacionarem com pessoas de diferentes grupos e de escutarem suas vozes e perspectivas. Ao se misturar com todos, eles podem obter uma visão mais ampla e realista da sociedade, identificando problemas e necessidades que talvez não estivessem visíveis em um ambiente mais restrito.

Além disso, ao se misturar com todos, os líderes atuais podem transmitir uma mensagem de inclusão e de valorização das diferenças. Isso pode gerar um ambiente mais saudável, respeitoso e colaborativo em suas equipes de trabalho, e ainda pode gerar um impacto positivo na sociedade em geral.

É importante lembrar que se misturar com todos não significa apenas estar presente em diferentes ambientes, mas também ouvir e respeitar as diferentes vozes e perspectivas. Jesus sempre escutava as pessoas com atenção, sem julgamentos ou preconceitos, e isso o tornava um líder mais humano e compassivo.

Os líderes atuais podem aplicar essa postura em suas relações com suas equipes, colegas, clientes e fornecedores, buscando entender seus pontos de vista e necessidades, e criando um ambiente de diálogo e cooperação. Isso pode gerar uma cultura organizacional mais inclusiva, inovadora e eficiente, que valoriza a diversidade e a criatividade.

Outro ponto importante é que se misturar com todos pode trazer uma maior conexão com a realidade da sociedade. Os líderes muitas vezes estão em posições privilegiadas, com acesso a informações e recursos que a maioria das pessoas não possui. Ao se misturar com todos, eles podem entender melhor as realidades e os desafios enfrentados por diferentes grupos da sociedade e, assim, criar soluções mais eficazes e impactantes.

Em resumo, a história de Jesus Cristo nos ensina a importância de nos misturarmos com todos, sem distinção de raça, gênero, classe social ou religião.

REFERÊNCIA BÍBLICA: LUCAS 5.29-32

Então Levi ofereceu um grande banquete a Jesus em sua casa. Havia muita gente comendo com eles: publicanos e outras pessoas.

Mas os fariseus e aqueles mestres da lei que eram da mesma facção queixaram-se aos discípulos de Jesus: "Por que vocês comem e bebem com publicanos e 'pecadores'?".

Jesus lhes respondeu: "Não são os que têm saúde que precisam de médico, mas sim os doentes.

Eu não vim chamar justos, mas pecadores ao arrependimento".

13 DIAGNOSTICAR CENÁRIOS

Quando temos um caos instalado, precisamos analisar a situação para que consigamos definir os próximos passos.

O primeiro milagre de Jesus foi registrado em uma festa de casamento em Caná da Galileia. Quando ele chega com Maria, sua mãe, e alguns amigos, recebe a trágica notícia de que o vinho havia acabado. Como sabemos, as festas de casamento antigamente duravam dias e era inadmissível que o vinho acabasse. Maria então pede que Jesus opere um milagre, Jesus foi relutante no início, mas acabou atendendo ao pedido de Maria e transformou a água em vinho. Jesus analisou a situação e julgou ser o momento de mostrar seu poder.

PÍLULA:
ANTES DE AGIR, FAÇA UMA LEITURA DO AMBIENTE E DAS PESSOAS.

O diagnóstico de cenários é uma habilidade essencial para os líderes, pois permite que eles identifiquem e compreendam as condições atuais, bem como as possíveis implicações futuras. Esta habilidade é particularmente importante para os líderes que precisam tomar decisões estratégicas e gerenciar situações complexas e em constante mudança.

A história de Jesus Cristo, descrita na Bíblia, também destaca a importância do diagnóstico de cenários. Jesus frequentemente avaliava a situação em que ele estava e adaptava seu comportamento de acordo com as circunstâncias. Por exemplo, em Mateus 10:16, Jesus diz aos seus discípulos: "Eu os envio como ovelhas no meio de lobos. Portanto, sejam astutos como as serpentes e simples como as pombas". Jesus entendeu o cenário em que seus discípulos seriam colocados e aconselhou-os a serem sábios e vigilantes para evitar serem prejudicados.

Além disso, Jesus demonstrou sua habilidade de diagnosticar cenários quando ele lidava com as multidões que o seguiam. Em Mateus 14:14, é descrito que quando Jesus viu a multidão, "teve compaixão deles e curou os seus doentes". Ele reconheceu a necessidade da multidão e agiu em conformidade, oferecendo cura e conforto para os doentes.

Os líderes modernos podem aplicar esses princípios de diagnóstico de cenários em suas próprias vidas e trabalhos. Eles precisam ser capazes de identificar e analisar as condições atuais e antecipar possíveis problemas e oportunidades futuras. Essa habilidade requer que os líderes examinem não apenas as informações disponíveis, mas também as lacunas na informação e as perspectivas e opiniões divergentes.

Ao diagnosticar cenários, os líderes devem ser capazes de pensar criticamente, tomar decisões informadas e agir com base em uma compreensão completa da situação. Isso pode envolver a coleta e a análise de dados, avaliação de riscos e incertezas, e envolvimento de outras pessoas com perspectivas e habilidades diferentes para ajudar a tomar decisões informadas.

A aplicação prática disso é especialmente relevante em tempos de mudanças significativas, como uma pandemia, recessão econômica ou mudanças políticas. Líderes que sabem como diagnosticar cenários são capazes de navegar nessas mudanças com mais confiança e eficácia, porque eles têm uma compreensão clara da situação em que estão trabalhando.

Por outro lado, a falta de diagnóstico adequado pode levar a decisões equivocadas, desperdício de recursos e perda de oportunidades. Sem um entendimento completo do cenário atual e futuro, os líderes correm o risco de tomar decisões com base em suposições falsas ou informações incompletas.

Em resumo, o diagnóstico de cenários é uma habilidade crucial para os líderes modernos, e é uma habilidade que pode ser aprendida e aprimorada. A história de Jesus Cristo, descrita na Bíblia, destaca a importância de avaliar as condições atuais e adaptar-se em conformidade.

REFERÊNCIA BÍBLICA: MATEUS 9.35-38

Jesus ia passando por todas as cidades e povoados, ensinando nas sinagogas, pregando as boas novas do Reino e curando todas as enfermidades e doenças.

Ao ver as multidões, teve compaixão delas, porque estavam aflitas e desamparadas, como ovelhas sem pastor.

Então disse aos seus discípulos: "A seara é grande, mas os trabalhadores são poucos.

Peçam, pois, ao Senhor da seara que envie trabalhadores para a sua seara".

14 QUEBRAR PARADIGMAS

Jesus sempre usou exemplos práticos para nos trazer grandes ensinamentos.

No evangelho de Marcos, capítulo 2, conta que certo sábado Jesus estava passando pelas lavouras de cereal. Enquanto caminhavam, seus discípulos começaram a colher espigas.

Os fariseus lhe perguntaram: "Olha, por que eles estão fazendo o que não é permitido no sábado?"

Ele respondeu: "Vocês nunca leram o que fez Davi quando ele e seus companheiros estavam necessitados e com fome?

Nos dias do sumo sacerdote Abiatar, Davi entrou na casa de Deus e comeu os pães da Presença, que apenas aos sacerdotes era permitido comer, e os deu também aos seus companheiros".

E então lhes disse: "O sábado foi feito por causa do homem, e não o homem por causa do sábado.

PÍLULA:
IDENTIFIQUE A NECESSIDADE DE ROMPER COM ALGUMAS REGRAS E TRADIÇÕES, ALTERANDO-AS DE ACORDO COM A NECESSIDADE E AS MUDANÇAS NO CENÁRIO.

A história de Jesus Cristo descrita na Bíblia é repleta de exemplos de quebra de paradigmas, mostrando a importância de inovar e não se limitar às expectativas ou normas estabelecidas. Esses exemplos podem ser aplicados na vida dos líderes atuais, especialmente em um mundo em constante mudança e transformação, em que a inovação é crucial para o sucesso.

Em sua época, Jesus quebrou vários paradigmas da sociedade em que vivia, desde a forma como tratava as mulheres até a maneira como se relacionava com as pessoas mais marginalizadas. Ele se importava com aqueles que eram considerados indignos ou impuros pela sociedade da época, indo contra os padrões estabelecidos e desafiando as normas.

Um dos maiores exemplos de quebra de paradigmas de Jesus foi a sua mensagem de amor e perdão para todos, inclusive para aqueles que eram considerados inimigos ou pecadores. Ele não seguia as divisões e preconceitos estabelecidos pela sociedade da época, mas sim os desafiava, pregando a união e a igualdade entre todos. Esta mensagem de amor e perdão continua sendo uma das maiores fontes de inspiração e transformação para muitos líderes atualmente.

Outro exemplo importante de quebra de paradigmas foi a maneira como Jesus escolheu seus discípulos. Ele não escolheu aqueles que eram considerados os mais sábios ou influentes da época, mas sim os que tinham o coração aberto para aprender e seguir sua mensagem. Ele deu oportunidades a pessoas que a sociedade desprezava, como pescadores e coletores de impostos, e mostrou que o valor de uma pessoa não está na sua posição social, mas sim em sua capacidade de amar e seguir seus ensinamentos.

Os líderes atuais podem se inspirar nesses exemplos de quebra de paradigmas e aplicá-los em sua vida profissional e pessoal. Em um mundo cada vez mais complexo e competitivo, é importante ser inovador e pensar fora da caixa, buscando soluções criativas para os desafios que se apresentam. Quebrar paradigmas significa estar disposto a desafiar as normas estabelecidas e acreditar em ideias novas e diferentes.

Ao quebrar paradigmas, os líderes podem também criar um ambiente mais inclusivo e diverso, dando oportunidades para pessoas que antes eram excluídas ou marginalizadas. Eles podem aprender a valorizar a diversidade de opiniões e perspectivas, criando uma equipe mais criativa e inovadora. Além disso, ao quebrar paradigmas, os líderes podem também impactar positivamente a sociedade como um todo, trazendo mudanças necessárias para torná-la mais justa e igualitária.

Em resumo, a história de Jesus Cristo descrita na Bíblia é um exemplo de quebra de paradigmas, mostrando a importância de inovar e não se limitar às expectativas ou normas estabelecidas. Os líderes atuais podem se inspirar nesses exemplos e aplicá-los em sua vida profissional e pessoal, criando um ambiente mais inclusivo, diverso e inovador, e impactando positivamente a sociedade como um todo.

REFERÊNCIA BÍBLICA: MATEUS 12.1-8

Naquela ocasião Jesus passou pelas lavouras de cereal no sábado. Seus discípulos estavam com fome e começaram a colher espigas para comê-las.

Os fariseus, vendo aquilo, lhe disseram: "Olha, os teus discípulos estão fazendo o que não é permitido no sábado".

Ele respondeu: "Vocês não leram o que fez Davi quando ele e seus companheiros estavam com fome?".

Ele entrou na casa de Deus, e juntamente com os seus companheiros comeu os pães da Presença, o que não lhes era permitido fazer, mas apenas aos sacerdotes.

Ou vocês não leram na Lei que, no sábado, os sacerdotes no templo profanam esse dia e, contudo, ficam sem culpa?
Eu lhes digo que aqui está o que é maior do que o templo.
Se vocês soubessem o que significam estas palavras: "Desejo misericórdia, não sacrifícios", não teriam condenado inocentes.
Pois o Filho do homem é Senhor.

15 MANTER SUA VISÃO

A visão de Jesus Cristo era clara: ele veio à Terra para trazer a salvação e a redenção a toda a humanidade. Ele sabia exatamente o que precisava ser feito e não desviou do seu propósito mesmo diante de grandes desafios e adversidades. Sua visão era tão forte que ele foi capaz de enfrentar a morte sem hesitar, sabendo que era a vontade de Deus Pai.

PÍLULA:
FOQUE NA VISÃO QUE SE QUER ALCANÇAR, CORRIGINDO QUEM SE DESVIAR, BEM COMO AJUDANDO A EQUIPE A PRIORIZAR E PAGAR O PREÇO NECESSÁRIO PARA TAL.

Manter a visão é um dos principais desafios enfrentados pelos líderes, seja em um ambiente empresarial ou em outras áreas da vida. Essa habilidade é fundamental para alcançar os objetivos, superar os desafios e manter a equipe motivada. A história de Jesus Cristo, descrita na Bíblia, é uma excelente fonte de inspiração para os líderes que desejam desenvolver essa habilidade.

Jesus Cristo foi um líder visionário e determinado que teve uma visão clara de sua missão na Terra. Ele sabia que seu propósito era pregar o amor e a compaixão, e dedicou sua vida a cumprir essa missão. Mesmo quando enfrentou a oposição dos líderes religiosos e das autoridades políticas, Jesus não desistiu de sua visão e continuou a pregar sua mensagem.

Os líderes atuais podem aprender muito com a atitude de Jesus Cristo em relação à visão. Uma das principais lições é que a visão deve ser clara e precisa. É importante que o líder saiba exatamente qual é o seu propósito e quais são os objetivos que deseja alcançar. Isso permitirá que ele se concentre em atividades que estejam alinhadas com sua visão, e que possa tomar decisões mais assertivas.

Outra lição que podemos extrair da história de Jesus Cristo é a importância de manter a visão, mesmo diante dos obstáculos. O líder precisa estar preparado para enfrentar desafios e resistência, mas deve ser perseverante em sua missão. A visão deve ser um farol que guia suas ações e decisões, mesmo diante das dificuldades.

Além disso, a história de Jesus Cristo nos ensina que a visão deve ser compartilhada. O líder precisa envolver a equipe e comunicar de forma clara a visão e os objetivos da organização. Isso ajudará a manter a equipe motivada e engajada, além de criar um senso de propósito coletivo.

Outra importante lição que podemos extrair da história de Jesus Cristo é a necessidade de adaptar a visão às mudanças do ambiente. Jesus não foi inflexível em relação à sua visão, mas adaptou sua mensagem e estratégias de acordo com as necessidades do momento. O líder também deve estar preparado para mudar de direção quando necessário, mas sem perder de vista os objetivos finais.

Por fim, a história de Jesus Cristo nos mostra a importância de manter uma perspectiva de longo prazo. O líder deve ser capaz de pensar além do curto prazo e considerar os efeitos de suas decisões e ações em longo prazo. Isso permitirá que ele tome decisões mais acertadas e crie um legado duradouro para a organização.

Em resumo, a história de Jesus Cristo nos ensina que a visão é uma habilidade fundamental para os líderes. O líder deve ter uma visão clara e precisa, ser perseverante, compartilhar a visão com a equipe, adaptá-la às mudanças do ambiente, e manter uma perspectiva de longo prazo. Essas são habilidades essenciais para liderar com sucesso em qualquer área da vida.

REFERÊNCIA BÍBLICA: MARCOS 8.31-33

Então ele começou a ensinar-lhes que era necessário que o Filho do homem sofresse muitas coisas e fosse rejeitado pelos líderes religiosos, pelos chefes dos sacerdotes e pelos mestres da lei, fosse morto e três dias depois ressuscitasse.

Ele falou claramente a esse respeito. Então Pedro, chamando-o à parte, começou a repreendê-lo.

Jesus, porém, voltou-se, olhou para os seus discípulos e repreendeu Pedro, dizendo: "Para trás de mim, Satanás! Você não pensa nas coisas de Deus, mas nas dos homens".

16 MAPEAR E PREPARAR O AMBIENTE

Quando definimos um objetivo, devemos pontuar quais ações serão necessárias a se fazer, definir quais pessoas estarão envolvidas nas atividades e quais atitudes deverão ser tomadas para que alcancemos o resultado almejado.

Quando Jesus veio à Terra, Ele sabia que seu tempo aqui já estava determinado, então Ele precisava deixar seus ensinamentos, mas mais do que isso, precisava deixar pessoas que fossem aptas a dar sequência no seu ministério e pregar o seu evangelho; foi por isso que Ele escolheu os 12 discípulos, para que, quando chegasse o momento de Ele retornar ao Pai, eles pregassem sobre o que viram e aprenderam.

PÍLULA:
DEFINA UM GRUPO MAIOR QUE IRÁ A CAMPO, ORIENTANDO-O A IDENTIFICAR E PREPARAR O CAMINHO PARA A TRANSFORMAÇÃO.

Mapear e preparar o ambiente são duas ações fundamentais para o sucesso de qualquer empreendimento. Essas etapas podem ser aplicadas tanto no âmbito pessoal quanto profissional, e são ainda mais importantes quando se trata de liderança. Um líder que não sabe onde está pisando e não prepara o ambiente para alcançar seus objetivos corre o risco de falhar.

A história de Jesus Cristo é repleta de exemplos que ilustram a importância de mapear e preparar o ambiente. Quando

Ele enviou seus discípulos para anunciar a Boa-nova em diversas cidades, Jesus os instruiu a buscar um local adequado para se hospedar e a pregar apenas para aqueles que estivessem dispostos a ouvir. Em outras palavras, Ele os orientou a mapear o ambiente e a prepará-lo para o sucesso da missão.

Além disso, Jesus Cristo também preparou o ambiente para a sua entrada triunfal em Jerusalém, montando em um jumentinho, conforme profetizado na Bíblia. Ele sabia que isso iria despertar a admiração e a atenção do povo, e que isso contribuiria para o cumprimento de sua missão na Terra.

Esses exemplos bíblicos podem ser aplicados na vida dos líderes atuais de diversas maneiras. Uma delas é a necessidade de mapear o ambiente em que se atua, entendendo as características do mercado, da concorrência e dos consumidores. Esse processo de análise é fundamental para identificar oportunidades e ameaças, e para definir estratégias que permitam alcançar os objetivos almejados.

Além disso, é preciso preparar o ambiente para a execução das estratégias traçadas. Isso inclui a formação de equipes competentes e motivadas, a estruturação de processos e fluxos de trabalho eficientes, e a adoção de tecnologias que facilitem a realização das atividades. A preparação do ambiente também pode envolver a construção de parcerias e alianças estratégicas, que permitam ampliar a atuação e fortalecer a presença no mercado.

Outra lição que pode ser aprendida a partir da história de Jesus Cristo é a importância de ter clareza sobre os objetivos e sobre o propósito da liderança. Jesus tinha uma visão muito clara do seu propósito na Terra, que era anunciar a Boa-nova e trazer a salvação para a humanidade. Essa clareza de propósito o ajudou a mapear e preparar o ambiente de forma mais efetiva, e a tomar decisões que estivessem alinhadas com os seus objetivos.

Os líderes atuais podem se beneficiar dessa mesma clareza de propósito, buscando entender qual é a missão da sua empresa ou organização, qual é o propósito que a guia e quais são os objetivos que precisam ser alcançados. Essa visão clara permite que sejam tomadas decisões mais acertadas e que o ambiente seja mapeado e preparado de forma mais precisa e eficiente.

Por fim, é importante lembrar que mapear e preparar o ambiente não é um processo estático. É preciso estar atento às mudanças do mercado e do ambiente em que se atua, e ser capaz de se adaptar a elas.

REFERÊNCIA BÍBLICA: LUCAS 10.1-24

Depois disso, o Senhor designou outros setenta e dois e os enviou dois a dois, adiante dele, a todas as cidades e lugares para onde ele estava prestes a ir.

E lhes disse: "A colheita é grande, mas os trabalhadores são poucos. Portanto, peçam ao Senhor da colheita que mande trabalhadores para a sua colheita.

Vão! Eu os estou enviando como cordeiros entre lobos.

Não levem bolsa nem saco de viagem nem sandálias; e não saúdem ninguém pelo caminho".

"Quando entrarem numa casa, digam primeiro: 'Paz a esta casa'. Se houver ali um homem de paz, a paz de vocês repousará sobre ele; se não, ela voltará para vocês.

Fiquem naquela casa, e comam e bebam o que lhes derem, pois o trabalhador merece o seu salário. Não fiquem mudando de casa em casa".

"Quando entrarem numa cidade e forem bem recebidos, comam o que for posto diante de vocês.

Curem os doentes que ali houver e digam-lhes: 'O Reino de Deus está próximo de vocês'.

Mas quando entrarem numa cidade e não forem bem recebidos, saiam por suas ruas e digam:

'Até o pó da sua cidade, que se apegou aos nossos pés, sacudimos contra vocês. Fiquem certos disto: O Reino de Deus está próximo'.

Eu lhes digo: Naquele dia haverá mais tolerância para Sodoma do que para aquela cidade".

"Ai de você, Corazim! Ai de você, Betsaida! Porque se os milagres que foram realizados entre vocês o fossem em Tiro e Sidom, há muito tempo elas se teriam arrependido, vestindo roupas de saco e cobrindo-se de cinzas".

Mas no juízo haverá menor rigor para Tiro e Sidom do que para vocês.

E você, Cafarnaum: será elevada até o céu? Não; você descerá até ao Hades!

"Aquele que lhes dá ouvidos, está me dando ouvidos; aquele que os rejeita, está me rejeitando; mas aquele que me rejeita, está rejeitando aquele que me enviou".

Os setenta e dois voltaram alegres e disseram: "Senhor, até os demônios se submetem a nós, em teu nome".

Ele respondeu: "Eu vi Satanás caindo do céu como relâmpago.

Eu lhes dei autoridade para pisarem sobre cobras e escorpiões, e sobre todo o poder do inimigo; nada lhes fará dano.

Contudo, alegrem-se, não porque os espíritos se submetem a vocês, mas porque seus nomes estão escritos nos céus".

Naquela hora Jesus, exultando no Espírito Santo, disse: "Eu te louvo, Pai, Senhor do céu e da terra, porque escondeste estas coisas dos sábios e cultos e as revelaste aos pequeninos. Sim, Pai, pois assim foi do teu agrado".

"Todas as coisas me foram entregues por meu Pai. Ninguém sabe quem é o Filho, a não ser o Pai; e ninguém sabe quem é o Pai, a não ser o Filho e aqueles a quem o Filho o quiser revelar".

Então ele se voltou para os seus discípulos e lhes disse em particular: "Felizes são os olhos que veem o que vocês veem.

Pois eu lhes digo que muitos profetas e reis desejaram ver o que vocês estão vendo, mas não viram; e ouvir o que vocês estão ouvindo, mas não ouviram".

17 AVALIAR RESULTADOS

Geralmente quando temos resultados negativos, ou quando precisamos de ajuda, recorremos a Deus, nos achegamos, pedimos oração; quando conseguimos o que tanto queríamos, não voltamos para agradecer.

O mesmo aconteceu com os dez leprosos. Esses homens foram atrás de Jesus pedindo que os curassem, e Jesus disse-lhes: "Ide, mostrai-vos aos sacerdotes. E aconteceu que, ido eles, ficaram limpos. E um deles vendo que estava são, voltou glorificando a Deus em alta voz" (Lucas 17-14.15).

Devemos pegar esse exemplo e repensar sobre a maneira como temos agido diante dessas situações. Será que temos usado Deus como "moeda de troca"? Ou oramos pedindo e depois voltamos para agradecer?

PÍLULA:
AJUDE A EQUIPE A REFLETIR SOBRE OS RESULTADOS ALCANÇADOS, RECORDANDO SOBRE O OBJETIVO INICIAL, REFORÇANDO O APRENDIZADO OBTIDO COM A PRÁTICA E CELEBRANDO O SEU ALCANCE.

A avaliação de resultados é uma parte importante do processo de liderança, e pode ser uma tarefa desafiadora. No entanto, é fundamental para garantir que as estratégias e ações sejam eficazes e que os objetivos sejam alcançados. Neste sentido, a história de Jesus Cristo descrita na Bíblia oferece *insights* valiosos para os líderes atuais sobre a importância de avaliar os resultados de suas ações e tomar medidas necessárias para corrigir o curso.

Em várias ocasiões, a Bíblia descreve Jesus avaliando os resultados de suas ações e tomando medidas corretivas. Por exemplo, em Mateus 10:16, Jesus instrui seus discípulos a serem "sábios como serpentes e inocentes como pombas". Isso significa que, ao espalhar a mensagem do evangelho, eles deveriam ser astutos para avaliar a situação e agir de acordo com as necessidades específicas daqueles que encontravam. Isso também significava avaliar os resultados de suas ações e ajustar sua abordagem conforme necessário.

Além disso, a história de Jesus alimentando a multidão com cinco pães e dois peixes é outro exemplo de avaliação de resultados. Depois de dar graças, Jesus distribuiu os pães e os peixes para a multidão. Quando terminaram de comer, Jesus ordenou que seus discípulos recolhessem os pedaços que sobraram. Eles recolheram doze cestos cheios, mostrando que a ação de Jesus havia superado todas as expectativas e atingido seu objetivo.

Esses exemplos demonstram a importância de avaliar os resultados e reconhecer o sucesso em ações bem-sucedidas. No entanto, também é importante avaliar os resultados das ações que não atingiram os objetivos. Jesus também enfrentou momentos de fracasso em suas ações, como quando Pedro negou conhecê-lo. No entanto, Jesus não desistiu e continuou a pregar a mensagem do evangelho, ajustando sua abordagem conforme o necessário.

Avaliar os resultados é importante não apenas para o sucesso individual, mas também para o sucesso de toda a equipe. Os líderes devem se certificar de que todos os membros da equipe estejam cientes dos objetivos e metas e saibam como suas ações contribuem para alcançá-los. Isso ajuda a manter todos motivados e envolvidos e a garantir que todos estejam trabalhando juntos em direção ao mesmo objetivo.

Para os líderes atuais, a história de Jesus Cristo pode servir como um lembrete poderoso da importância de avaliar os resultados de suas ações e ajustar a abordagem conforme o necessário. A avaliação de resultados deve ser uma parte essencial do processo de liderança, e os líderes devem estar dispostos a aprender com seus sucessos e fracassos e fazer mudanças quando necessário.

Avaliar os resultados também permite que os líderes celebrem o sucesso e motivem suas equipes para continuar avançando em direção aos objetivos. Quando os líderes reconhecem e recompensam o sucesso, isso incentiva as pessoas a continuarem trabalhando duro e a contribuírem para o sucesso geral da equipe.

Em resumo, a avaliação de resultados é uma parte essencial do processo de liderança.

REFERÊNCIA BÍBLICA: LUCAS 10.17-20

Os setenta e dois voltaram alegres e disseram: "Senhor, até os demônios se submetem a nós, em teu nome".

Ele respondeu: "Eu vi Satanás caindo do céu como relâmpago.

Eu lhes dei autoridade para pisarem sobre cobras e escorpiões, e sobre todo o poder do inimigo; nada lhes fará dano.

Contudo, alegrem-se, não porque os espíritos se submetem a vocês, mas porque seus nomes estão escritos nos céus".

18 BUSCAR A EXCELÊNCIA

É de praxe o ser humano sempre se comparar com pessoas que estão acima de nós, que são mais inteligentes, mais comunicativas, mais prestativas, nunca nos comparamos com quem julgamos ser menos do que nós mesmos.

O que não paramos para pensar é que é Deus quem nos capacita, Ele nos usa de diversas maneiras, e em muitas delas não precisamos ser "os melhores".

Vemos um exemplo disso quando Jesus diz para Pedro que ele seria pescador de homens. Pedro, que não tinha nenhum curso superior, nenhum curso de oratória, era um simples homem pescador.

Não tem nada de errado em buscarmos melhorar dia após dia, o que não podemos é esquecer para quem realmente estamos servindo.

PÍLULA:
AS PESSOAS IRÃO SEGUIR UM LÍDER POR SUA COMPETÊNCIA, O QUAL ATUA COM COMPROMETIMENTO, AVALIANDO ANTES DE AGIR, USANDO OS RECURSOS NECESSÁRIOS E TENDO INTELIGÊNCIA PARA SABER O QUE E COMO DEVE SER FEITO.

A busca pela excelência é um tema recorrente no mundo dos negócios e liderança. Mas, afinal, o que é a excelência? Como podemos alcançá-la? E por que ela é tão importante?

A excelência pode ser definida como a qualidade de ser extremamente bom em algo. É o estado de perfeição em uma determinada área, seja ela profissional, pessoal ou espiritual. A busca pela excelência requer um compromisso total com o aprimoramento constante, com a aprendizagem contínua e com a superação de desafios. É um processo que exige dedicação, disciplina, esforço e paciência.

A história de Jesus Cristo é uma fonte de inspiração para aqueles que buscam a excelência em suas vidas. Ele foi um líder que exemplificou o que é o verdadeiro sucesso, não apenas em termos de realizações materiais, mas também em termos de caráter e propósito.

Desde o seu nascimento humilde até a sua morte sacrificial, Jesus demonstrou um padrão de excelência que desafia as convenções e os padrões estabelecidos. Ele ensinou a seus seguidores a importância da integridade, do amor, da justiça, da humildade e da compaixão. Ele se destacou pela sua habilidade em ensinar e inspirar, em liderar pelo exemplo e em capacitar os outros a fazer o mesmo.

Ao buscar a excelência, é importante ter em mente que não se trata apenas de ser o melhor, mas de fazer o melhor que se pode com os recursos e habilidades disponíveis. É um processo contínuo de crescimento, aprendizagem e aprimoramento. E, assim como Jesus, a busca pela excelência requer que nos concentremos em nossos objetivos e valores mais elevados, e que estejamos dispostos a sacrificar conforto e segurança em nome do que é certo e verdadeiro.

Os líderes atuais têm muito a aprender com a história de Jesus Cristo e sua busca pela excelência. Em um mundo cada vez mais competitivo e desafiador, é essencial que os líderes se esforcem para alcançar a excelência em todas as áreas de suas vidas, incluindo o trabalho, a família, a saúde e o desenvolvimento pessoal.

A busca pela excelência no mundo dos negócios requer um compromisso constante com a melhoria dos processos, da qualidade dos produtos e serviços, e da satisfação do cliente. É preciso estar sempre em busca de novas ideias, soluções e estratégias que possam levar a empresa a um nível mais elevado de desempenho e eficácia. Além disso, é importante que os líderes incentivem e inspirem seus colaboradores a buscarem a excelência em suas áreas de atuação, por meio de treinamento, *feedback* e reconhecimento.

Na vida pessoal, a busca pela excelência envolve o cultivo de hábitos saudáveis, como alimentação equilibrada, exercícios físicos e cuidados com a saúde mental. Também envolve a busca constante por conhecimento e desenvolvimento pessoal, seja por meio da leitura, cursos, mentorias ou outras formas de aprendizagem. E, acima de tudo, envolve a busca por um propósito maior, que dê sentido e significado à vida e inspire a busca por realizações significativas.

REFERÊNCIA BÍBLICA: LUCAS 14.28-32

"Qual de vocês, se quiser construir uma torre, primeiro não se assenta e calcula o preço, para ver se tem dinheiro suficiente para completá-la?

Pois, se lançar o alicerce e não for capaz de terminá-la, todos os que a virem rirão dele, dizendo: 'Este homem começou a construir e não foi capaz de terminar'."

Ou, qual é o rei que, pretendendo sair à guerra contra outro rei, primeiro não se assenta e pensa se com dez mil homens é capaz de enfrentar aquele que vem contra ele com vinte mil?

Se não for capaz, enviará uma delegação, enquanto o outro ainda está longe, e pedirá um acordo de paz.

19 OTIMIZAR RECURSOS

Quando pensamos em dinheiro, por vezes podemos pensar que trabalhar para ter dinheiro, correr atrás de crescer na carreira, não é um mandamento do Senhor, mas se pararmos para ler as escrituras vemos que Jesus Cristo nos ensina que o trabalho é importante. O próprio Deus trabalhou para criar os céus e a terra. Desde que Adão e Eva saíram do jardim, o trabalho tem sido nosso meio de vida. O Senhor disse a Adão: "No suor do teu rosto comerás o teu pão".

Logo, devemos trabalhar para ter o nosso sustento e isso é bíblico; porém, Jesus nos ensina que devemos otimizar nossos recursos, usar com sabedoria. Para que tudo o que fizermos como Ele, seja frutífero. A partir do momento que ostentamos, damos mais valor ao dinheiro do que é devido, o cenário muda. Devemos usar de maneira prudente para que Deus multiplique em nossas casas.

PÍLULA:
SAIBA USAR E INVESTIR RECURSOS, ENSINANDO AOS OUTROS E RECOMPENSANDO QUEM MULTIPLICA, POIS MUITOS ACABAM PERDENDO O QUE TÊM POR NÃO USAR BEM.

A otimização de recursos é um tema crucial para líderes de negócios em todos os setores. Em um mundo em que recursos como tempo, dinheiro e energia são escassos, é essencial maximizar a eficiência em todas as áreas. A história de Jesus Cristo, narrada na Bíblia, oferece muitas lições valiosas para líderes que buscam otimizar seus recursos e alcançar o sucesso.

Em primeiro lugar, Jesus sempre buscou usar seus recursos da melhor maneira possível. Ele sabia que seu tempo na Terra era limitado e que ele tinha uma missão importante a cumprir. Como resultado, ele se concentrou em atividades que eram essenciais para essa missão e evitou distrações desnecessárias. Ele também fez uso de seus recursos de forma estratégica, como quando alimentou uma multidão de cinco mil com apenas cinco pães e dois peixes.

Os líderes modernos podem aprender com a abordagem de Jesus, concentrando-se em atividades que são essenciais para seus objetivos e usando seus recursos de forma estratégica. Isso pode incluir delegar tarefas apropriadas para membros da equipe e usar ferramentas e tecnologias que aumentam a eficiência.

Outra lição importante que a história de Jesus Cristo pode ensinar sobre a otimização de recursos é a importância de valorizar o que é mais importante. Jesus sempre valorizou as pessoas acima de coisas materiais, e muitas vezes usou recursos para ajudar os necessitados. Ele curou os doentes, alimentou os famintos e confortou os aflitos. Ele ensinou que ajudar os outros era uma das maiores prioridades.

Da mesma forma, líderes modernos podem otimizar recursos valorizando o que é realmente importante. Isso pode incluir a criação de um ambiente de trabalho que valoriza as pessoas, incentivando a colaboração e promovendo a diversidade e inclusão. Também pode envolver a alocação de recursos para iniciativas de responsabilidade social e projetos que tenham um impacto positivo na sociedade.

Finalmente, a história de Jesus Cristo pode ensinar aos líderes modernos a importância de serem inovadores e criativos. Jesus frequentemente desafiou as normas estabelecidas, realizando coisas que as pessoas achavam impossíveis. Ele curou pessoas que eram consideradas incuráveis, ensinou conceitos que desafiaram o *status quo* e promoveu a ideia de que todos são iguais perante Deus.

Os líderes modernos podem aprender com a abordagem de Jesus, procurando soluções inovadoras para problemas comuns. Isso pode incluir a adoção de tecnologias emergentes, a exploração de novos modelos de negócios e a implementação de práticas de gestão que priorizam a criatividade e a experimentação.

Concluindo, a otimização de recursos é uma das competências mais importantes para líderes em todos os setores. A história de Jesus Cristo oferece muitas lições valiosas para líderes que buscam otimizar seus recursos e alcançar o sucesso. Ao seguir o exemplo de Jesus, líderes modernos podem concentrar-se em atividades essenciais, valorizar as pessoas acima das coisas materiais e buscar soluções inovadoras para problemas complexos.

REFERÊNCIA BÍBLICA: LUCAS 19.11-26

Estando eles a ouvi-lo, Jesus passou a contar-lhes uma parábola, porque estava perto de Jerusalém e o povo pensava que o Reino de Deus ia se manifestar de imediato.

Ele disse: "Um homem de nobre nascimento foi para uma terra distante para ser coroado rei e depois voltar.

Então, chamou dez dos seus servos e lhes deu dez minas. Disse ele: 'Façam esse dinheiro render até à minha volta'.

Mas os seus súditos o odiavam e depois enviaram uma delegação para lhe dizer: 'Não queremos que este homem seja nosso rei'.

Contudo, foi feito rei e voltou. Então mandou chamar os servos a quem dera o dinheiro, a fim de saber quanto tinham lucrado.

O primeiro veio e disse: 'Senhor, a tua mina rendeu outras dez'.

'Muito bem, meu bom servo!', respondeu o seu senhor. 'Por ter sido confiável no pouco, governe sobre dez cidades'.

O segundo veio e disse: 'Senhor, a tua mina rendeu cinco vezes mais'".

"O seu senhor respondeu: 'Também você, encarregue-se de cinco cidades'.

Então veio outro servo e disse: 'Senhor, aqui está a tua mina; eu a conservei guardada num pedaço de pano.

Tive medo, porque és um homem severo. Tiras o que não puseste e colhes o que não semeaste'.

O seu senhor respondeu: 'Eu o julgarei pelas suas próprias palavras, servo mau! Você sabia que sou homem severo, que tiro o que não pus e colho o que não semeei.

Então, por que não confiou o meu dinheiro ao banco? Assim, quando eu voltasse o receberia com os juros'.

E disse aos que estavam ali: 'Tomem dele a sua mina e deem-na ao que tem dez'.

'Senhor', disseram, 'ele já tem dez!'

Ele respondeu: 'Eu lhes digo que a quem tem, mais será dado, mas a quem não tem, até o que tiver lhe será tirado'".

20 SOLUCIONAR DIVERGÊNCIAS

Jesus enfrentou muitas divergências durante seu ministério na Terra, desde disputas entre seus próprios discípulos até divergências com líderes religiosos e políticos da época. Ele foi um mestre em solucionar divergências de maneira pacífica e amorosa, e sua abordagem é uma lição valiosa para líderes e indivíduos em geral até hoje.

Quando enfrentamos uma divergência, ou um desentendimento, o mais importante a se fazer é ter um diálogo claro para que tudo seja esclarecido. "O que repreende ao homem achará, depois, mais favor do que aquele que lisonjeia com a língua".

A Bíblia nos ensina que devemos tratar a pessoa com amor, independentemente da situação, isso trará um entendimento melhor do problema, e produz transformação na vida dos envolvidos.

> **PÍLULA:**
> DIANTE DE UMA DIVERGÊNCIA, O IDEAL É SEMPRE INICIAR O CONTATO E ABORDAR A PESSOA EM PARTICULAR. CASO NÃO HAJA SOLUÇÃO, TENTAR NOVAMENTE EM CONJUNTO, COM UMA OU MAIS PESSOAS, BUSCANDO RESOLVER. POR ÚLTIMO, DESLIGAR A PESSOA, SE NÃO HOUVER SOLUÇÃO.

A habilidade de solucionar divergências é uma das competências mais importantes para qualquer líder. Resolver disputas de forma eficaz pode melhorar significativamente a dinâmica da equipe, aumentar a produtividade e evitar que problemas se tornem mais graves. A história de Jesus Cristo, descrita na Bíblia, é uma excelente fonte de inspiração para aprender sobre como resolver divergências de maneira sábia e pacífica.

Jesus frequentemente lidava com divergências entre as pessoas ao seu redor. Uma de suas histórias é encontrada em Mateus 22.6-22:

"Mestre, sabemos que és íntegro e que ensinas o caminho de Deus conforme a verdade. Tu não te deixas influenciar por ninguém, porque não te prendes à aparência dos homens.

Dize-nos, pois: Qual é a tua opinião? É certo pagar imposto a César ou não?"

Mas Jesus, percebendo a má intenção deles, perguntou: "Hipócritas! Por que vocês estão me pondo à prova?

Mostrem-me a moeda usada para pagar o imposto". Eles lhe mostraram um denário, e Ele lhes perguntou: "De quem é esta imagem e esta inscrição?"

"De César", responderam eles. E Ele lhes disse: "Então, deem a César o que é de César e a Deus o que é de Deus".

Ao ouvirem isso, eles ficaram admirados; e, deixando-o, retiraram-se.

Esta história é um exemplo clássico de como Jesus lidou com divergências. Ele não tomou partido, em vez disso, procurou resolver o problema de forma pacífica e justa. Jesus ensinou seus discípulos a fazerem o mesmo, dizendo: "Felizes os pacificadores, porque serão chamados filhos de Deus" (Mateus 5:9).

Hoje, os líderes precisam saber como lidar com divergências em diferentes situações. Pode ser uma disputa entre membros da equipe, clientes insatisfeitos, concorrentes hostis ou qualquer outra situação desafiadora. Uma das principais habilidades para resolver divergências é ouvir com empatia e compreensão. Isso envolve prestar atenção aos sentimentos e necessidades de todas as partes envolvidas e não tomar partido. Quando as pessoas se sentem ouvidas e compreendidas, elas são mais propensas a cooperar na busca de uma solução.

Outra habilidade essencial é a capacidade de negociar e encontrar um terreno comum. Isso significa estar disposto a ceder em alguns pontos e procurar compromissos que atendam às necessidades de todas as partes envolvidas. Em vez de tentar impor uma solução, o líder deve trabalhar em conjunto com as pessoas para encontrar uma saída que funcione para todos.

O processo de solução de divergências pode ser desafiador e muitas vezes envolve emoções intensas. Nesses momentos, é importante manter a calma e a objetividade. Isso pode ser alcançado por meio de técnicas de respiração profunda, meditação ou oração, dependendo da crença pessoal do líder. Manter a perspectiva e lembrar o objetivo final de resolver a divergência de maneira pacífica é fundamental para manter a clareza mental e evitar que as emoções sejam dominantes.

Por fim, é importante reconhecer quando é necessário obter ajuda externa para resolver uma divergência. Em alguns casos, pode ser necessário buscar a orientação de um mediador ou especialista em resolução de divergências para ajudar a resolver disputas complexas.

Em resumo, a habilidade de solucionar divergências é uma competência crítica para qualquer líder.

REFERÊNCIA BÍBLICA: MATEUS 18.15-20

"Se o seu irmão pecar contra você, vá e, a sós com ele, mostre-lhe o erro. Se ele o ouvir, você ganhou seu irmão.

Mas se ele não o ouvir, leve consigo mais um ou dois outros, de modo que 'qualquer acusação seja confirmada pelo depoimento de duas ou três testemunhas'.

Se ele se recusar a ouvi-los, conte à igreja; e se ele se recusar a ouvir também a igreja, trate-o como pagão ou publicano.

Digo-lhes a verdade: tudo o que vocês ligarem na terra terá sido ligado no céu, e tudo o que vocês desligarem na terra terá sido desligado no céu.

Também lhes digo que se dois de vocês concordarem na terra em qualquer assunto sobre o qual pedirem, isso lhes será feito por meu Pai que está nos céus.

Pois onde se reunirem dois ou três em meu nome, ali eu estou no meio deles".

21 GERENCIAR CONFLITOS

Jesus Cristo foi um líder que frequentemente precisava lidar com conflitos, seja entre seus discípulos, com as autoridades religiosas ou com o povo em geral. Ele tinha uma habilidade única de gerenciar esses conflitos de maneira pacífica e respeitosa.

O Novo Testamento tem diversos mandamentos que nos ensinam como viver em paz uns com os outros. Somos repetidamente orientados a amar uns aos outros, a viver em paz e harmonia uns com os outros, a resolver nossas diferenças entre nós mesmos, a ser pacientes, gentis e demonstrar ternura um para o outro. Há momentos em que, apesar de todos os esforços, conflitos acabam acontecendo.

Devemos usar de sabedoria, expor os pontos que precisam ser corrigidos e chegar a um consenso.

PÍLULA:
QUANDO IDENTIFICAR QUE NÃO HÁ ACORDO, DEVE-SE: BUSCAR O CERNE DA QUESTÃO; SER DIRETO; TRAZER VISÕES QUE CORROBORAM; EXPOR A QUESTÃO E JOGAR PARA O OUTRO A DECISÃO; E JUSTIFICAR AS CONSEQUÊNCIAS.

Gerenciar conflitos é uma habilidade essencial para líderes em qualquer área, desde a vida pessoal até o mundo dos negócios. Saber como lidar com divergências, manter a calma em momentos de tensão e encontrar soluções justas para todas as partes envolvidas é um diferencial importante para qualquer líder que deseja ser bem-sucedido. Neste sentido, a história de Jesus Cristo, descrita na Bíblia, é uma fonte valiosa de ensinamentos e exemplos para líderes atuais.

Na Bíblia, há muitos exemplos de conflitos que Jesus enfrentou e como Ele os gerenciou. Como na passagem em que prendem Jesus: "E eis que um dos que estavam com Jesus, estendendo a mão, sacou da espada e, golpeando o servo do sumo sacerdote, cortou-lhe a orelha. Então, Jesus lhe disse: Embainha a tua espada; pois todos os que lançam mão da espada à espada perecerão. Acaso, pensas que não posso rogar a meu Pai, e ele me mandaria neste momento mais de doze legiões de anjos? Como, pois, se cumpririam as Escrituras, segundo as quais assim deve suceder? Naquele momento, disse Jesus às multidões: Saístes com espadas e porretes para prender-me, como a um salteador? Todos os dias, no templo, eu me assentava [convosco] ensinando, e não me prendestes. Tudo isto, porém, aconteceu para que se cumprissem as Escrituras dos profetas. Então, os discípulos todos, deixando-o, fugiram. Essa atitude deu às pessoas a chance de refletir sobre suas próprias falhas e erros.

Quando Jesus lidou com a traição de Judas, em vez de reagir com raiva e violência, Jesus manteve a calma e falou com amor e compaixão. Ele não tentou se vingar nem se defender.

Jesus mostrou que é possível gerenciar conflitos de forma pacífica e justa, sem perder a calma ou agir com violência. Ele usou sua sabedoria, empatia e amor para encontrar soluções justas que atendessem a todas as partes envolvidas. Essas habilidades são essenciais para líderes em todas as áreas da vida, incluindo os negócios.

No mundo dos negócios, conflitos são inevitáveis e podem ser muito prejudiciais se não forem resolvidos de forma adequada. É por isso que líderes precisam desenvolver habilidades para gerenciar conflitos de forma pacífica e justa. Eles precisam ser capazes de ouvir todas as partes envolvidas, entender seus pontos de vista e encontrar soluções que beneficiem a todos.

Além disso, líderes precisam estar preparados para lidar com conflitos de forma rápida e eficaz. Isso significa que eles precisam ter um plano de ação para lidar com conflitos, saber quando e como intervir, e estar dispostos a tomar medidas corretivas quando necessário. Isso também inclui saber quando é hora de pedir ajuda ou envolver terceiros neutros para ajudar a resolver o conflito de forma justa.

Em resumo, a história de Jesus Cristo, descrita na Bíblia, é uma fonte valiosa de exemplos e ensinamentos para líderes atuais que desejam continuar evoluindo em sua forma de gestão.

REFERÊNCIA BÍBLICA: JOÃO 8.48-59

Responderam, pois, os judeus, e disseram-lhe: Não dizemos nós bem que és samaritano, e que tens demônio?

Jesus respondeu: Eu não tenho demônio, antes honro a meu Pai, e vós me desonrais.

Eu não busco a minha glória; há quem a busque, e julgue.

Em verdade, em verdade vos digo que, se alguém guardar a minha palavra, nunca verá a morte.

Disseram-lhe, pois, os judeus: Agora conhecemos que tens demônio. Morreu Abraão e os profetas; e tu dizes: Se alguém guardar a minha palavra, nunca provará a morte.

És tu maior do que o nosso pai Abraão, que morreu? E também os profetas morreram. Quem te fazes tu ser?

Jesus respondeu: Se eu me glorifico a mim mesmo, a minha glória não é nada; quem me glorifica é meu Pai, o qual dizeis que é vosso Deus.

E vós não o conheceis, mas eu conheço-o. E, se disser que o não conheço, serei mentiroso como vós; mas conheço-o e guardo a sua palavra.

Abraão, vosso pai, exultou por ver o meu dia, e viu-o, e alegrou-se.

Disseram-lhe, pois, os judeus: Ainda não tens cinquenta anos, e viste Abraão?

Disse-lhes Jesus: Em verdade, em verdade vos digo que antes que Abraão existisse, eu sou.

Então pegaram em pedras para lhe atirarem; mas Jesus ocultou-se, e saiu do templo, passando pelo meio deles, e assim se retirou.

22 RESISTIR ÀS ARMADILHAS

O inimigo está a todo momento aguardando uma oportunidade de nos tentar, vemos um exemplo na Bíblia quando os fariseus tentam armar uma armadilha para Jesus, perguntando se era lícito ou não pagar impostos a Roma, é uma das passagens mais conhecidas dos evangelhos. O contexto histórico em que se passa esta história é o domínio do Império Romano sobre a Judeia, que gerava uma grande revolta entre os judeus, que tinham orgulho de sua independência e não aceitavam a submissão a um poder estrangeiro.

Ao perguntarem se era lícito pagar impostos a Roma, os fariseus estavam tentando criar um dilema para Jesus. Se ele dissesse que era lícito, iria perder a simpatia do povo judeu, que o via como um líder que lutava pela libertação da Judeia. Se dissesse que não era lícito, poderia ser preso pelas autoridades romanas por incitar a rebelião.

A resposta de Jesus, porém, mostra sua sabedoria e astúcia. Ele pede para que lhe mostrem a moeda com a imagem de César, que era utilizada para pagamento de impostos, e pergunta a quem ela pertence. Quando os fariseus respondem que pertence a César, Jesus diz: "Dai a César o que é de César e a Deus o que é de Deus".

Com essa resposta, Jesus conseguiu sair da armadilha, mostrando que o pagamento de impostos era uma obrigação civil, e que o povo judeu tinha também obrigações religiosas para com Deus.

PÍLULA:
MANTENHA SUA INTEGRIDADE AO LIDAR COM SITUAÇÕES DESFAVORÁVEIS E SAIA DE CILADAS EM QUE SEUS ADVERSÁRIOS O COLOCAREM, SENDO PERSPICAZ EM IDENTIFICAR A CONTROVÉRSIA REAL EXISTENTE.

A história de Jesus Cristo contém inúmeras lições que podem ser aplicadas na vida dos líderes atuais. Uma delas é a importância de resistir às armadilhas, sejam elas externas ou internas. Jesus enfrentou diversas tentações durante sua jornada e soube resistir a todas elas, mostrando que é possível manter-se firme em meio a situações adversas.

Ao longo da vida, muitos líderes se deparam com diversas armadilhas, que podem comprometer seu trabalho e reputação. Essas armadilhas podem se apresentar de diversas formas, como a tentação do poder, da vaidade, do dinheiro e do ego. Cabe aos líderes se manterem firmes em seus princípios e valores, resistindo às tentações que possam prejudicar suas decisões e ações.

Na Bíblia, Jesus foi tentado pelo diabo no deserto, em três ocasiões diferentes. Na primeira tentação, o diabo propôs que Jesus transformasse pedras em pão, mas Jesus resistiu, citando a importância da palavra de Deus. Na segunda tentação, o diabo propôs que Jesus se jogasse do topo do templo, desafiando a proteção divina. Jesus novamente resistiu, citando as escrituras. Na terceira e última tentação, o diabo ofereceu a Jesus todo o poder e a glória do mundo, desde que ele o adorasse. Jesus novamente resistiu, citando a importância de adorar somente a Deus.

A história de Jesus nos ensina que resistir às armadilhas não é fácil, mas é possível. É necessário ter força de vontade, determinação e estar sempre atento às consequências de nossas escolhas. Os líderes precisam ser exemplos para suas equipes e para a sociedade como um todo, e isso inclui resistir a tentações que possam comprometer sua integridade.

Para os líderes atuais, é importante manterem-se focados em suas metas e objetivos, sem se deixarem levar por influências externas ou internas. É fundamental manter a ética, a transparência e a honestidade em todas as ações e decisões. Líderes que resistem às armadilhas são respeitados e admirados por sua integridade e coragem.

Além disso, é importante que os líderes estejam atentos a possíveis armadilhas que possam surgir em seu caminho. É preciso ter um senso de autoconsciência, identificando os pontos fracos e trabalhando para fortalecê-los. É necessário também estar atento ao ambiente ao redor, identificando possíveis ameaças e tomando medidas para evitá-las.

Em resumo, a importância de resistir às armadilhas é essencial para os líderes atuais. É preciso ter força de vontade e determinação para resistir às tentações que possam comprometer a integridade e a reputação. A história de Jesus Cristo nos ensina que é possível resistir às armadilhas, desde que estejamos comprometidos com nossos valores e princípios.

REFERÊNCIA BÍBLICA: MATEUS 22.15-25

Então os fariseus saíram e começaram a planejar um meio de enredá-lo em suas próprias palavras.

Enviaram-lhe seus discípulos juntamente com os herodianos, que lhe disseram: "Mestre, sabemos que és íntegro e que ensinas o caminho de Deus conforme a verdade. Tu não te deixas influenciar por ninguém, porque não te prendes à aparência dos homens.

Dize-nos, pois: Qual é a tua opinião? É certo pagar imposto a César ou não?".

Mas Jesus, percebendo a má intenção deles, perguntou: "Hipócritas! Por que vocês estão me pondo à prova?

Mostrem-me a moeda usada para pagar o imposto". Eles lhe mostraram um denário, e Ele lhes perguntou: "De quem é esta imagem e esta inscrição?".

"De César", responderam eles. E ele lhes disse: "Então, deem a César o que é de César e a Deus o que é de Deus".

Ao ouvirem isso, eles ficaram admirados; e, deixando-o, retiraram-se.

23 DAR IMPORTÂNCIA A PLANOS

Para alcançar objetivos, precisamos determinar quais passos devemos seguir para que tudo ocorra como planejado.

Na Bíblia, encontramos diversas situações em que pessoas se preparam para alcançar seus objetivos.

Jesus Cristo foi um líder cuja vida e ministério foram marcados por uma profunda confiança no plano de Deus para sua vida e para a humanidade. Em vários momentos, Jesus demonstrou a importância de seguir os planos de Deus, mesmo que isso significasse sacrifício e dificuldades.

Um exemplo claro disso foi o seu batismo no rio Jordão, quando Ele recebeu a confirmação da voz de Deus sobre sua missão. A partir desse momento, Jesus iniciou seu ministério, cumprindo com fidelidade os planos de Deus, mesmo enfrentando resistência, oposição e perseguição.

PÍLULA:
PERSIGA UM OBJETIVO, PREPARANDO-SE PARA O QUE IRÁ ENCONTRAR E NÃO SER PEGO DE SURPRESA, DANDO PODER À EQUIPE PARA TOMAR AÇÕES EFETIVAS.

A importância de dar relevância a planos é um tema central na vida de muitos líderes. É fundamental que um líder saiba estabelecer metas e objetivos claros, traçar estratégias e ter um plano de ação bem definido. Na Bíblia, a história de

Jesus Cristo nos mostra como Ele tinha um plano de vida muito bem definido e como isso foi fundamental para alcançar seus objetivos e realizar sua missão.

Jesus começou sua jornada terrena com um plano muito claro: pregar a palavra de Deus e trazer a salvação para a humanidade. Ele sabia exatamente o que precisava fazer para cumprir sua missão e, ao longo de sua vida, tomou decisões e realizou ações com base neste plano. Por exemplo, ele escolheu cuidadosamente seus discípulos e os preparou para continuar sua obra após sua morte. Ele também estabeleceu prioridades claras e focou em cumprir suas tarefas diárias, mesmo diante de adversidades e tentações.

A importância de um plano bem definido é que ele permite que os líderes tomem decisões mais assertivas e eficazes. Ter uma visão clara do que se deseja alcançar permite que se estabeleça metas realistas e um plano de ação concreto. Além disso, um plano ajuda a identificar possíveis obstáculos e a se preparar para enfrentá-los. É importante lembrar que um plano não é algo imutável, mas sim um guia para ajudar na tomada de decisões e ações.

Na vida empresarial, é fundamental que os líderes tenham um plano de negócios bem definido, com objetivos e metas a serem alcançados em um determinado prazo. Isso permite que a empresa se mantenha focada e que os recursos sejam alocados de maneira eficiente. É importante que os líderes saibam identificar e avaliar riscos e oportunidades e, com base nisso, ajustar o plano de negócios sempre que necessário.

Além disso, ter um plano de negócios bem definido pode ajudar a empresa a atrair investidores e parceiros de negócios. Quando um líder apresenta um plano bem estruturado, com metas claras e um caminho para alcançá-las, ele demonstra comprometimento e confiança em seu negócio.

A história de Jesus Cristo também nos ensina que é importante ter um plano de vida. Saber o que se quer alcançar na vida e estabelecer um caminho para isso pode ser fundamental para se manter motivado e perseverante diante das dificuldades. Ter um plano de vida permite que os líderes estabeleçam prioridades e tomem decisões com base em seus objetivos pessoais.

Em resumo, dar importância a planos é fundamental para o sucesso na vida pessoal e profissional. Um plano bem definido ajuda a estabelecer objetivos claros, tomar decisões mais assertivas e enfrentar obstáculos de maneira mais eficiente. Na história de Jesus Cristo, podemos ver como um plano de vida bem estruturado foi fundamental para Ele cumprir sua missão na Terra. Os líderes atuais devem se inspirar nesta história e na importância de ter um plano bem definido para alcançar seus objetivos e realizar seu propósito.

REFERÊNCIA BÍBLICA: MATEUS 25.1-30

O Reino dos céus, pois, será semelhante a dez virgens que pegaram suas candeias e saíram para encontrar-se com o noivo.

Cinco delas eram insensatas, e cinco eram prudentes.

As insensatas pegaram suas candeias, mas não levaram óleo consigo.

As prudentes, porém, levaram óleo em vasilhas juntamente com suas candeias.

O noivo demorou a chegar, e todas ficaram com sono e adormeceram.

"À meia-noite, ouviu-se um grito: 'O noivo se aproxima! Saiam para encontrá-lo!'"

"Então todas as virgens acordaram e prepararam suas candeias.

As insensatas disseram às prudentes: 'Deem-nos um pouco do seu óleo, pois as nossas candeias estão se apagando'".

"Elas responderam: 'Não, pois pode ser que não haja o suficiente para nós e para vocês. Vão comprar óleo para vocês'".

"E saindo elas para comprar o óleo, chegou o noivo. As virgens que estavam preparadas entraram com ele para o banquete nupcial. E a porta foi fechada".

"Mais tarde vieram também as outras e disseram: 'Senhor! Senhor! Abra a porta para nós!'"

"Mas ele respondeu: 'A verdade é que não as conheço!'"

"Portanto, vigiem, porque vocês não sabem o dia nem a hora!"

"E também será como um homem que, ao sair de viagem, chamou seus servos e confiou-lhes os seus bens.

A um deu cinco talentos, a outro dois, e a outro um; a cada um de acordo com a sua capacidade. Em seguida partiu de viagem.

O que havia recebido cinco talentos saiu imediatamente, aplicou-os, e ganhou mais cinco.

Também o que tinha dois talentos ganhou mais dois.

Mas o que tinha recebido um talento saiu, cavou um buraco no chão e escondeu o dinheiro do seu senhor".

"Depois de muito tempo o senhor daqueles servos voltou e acertou contas com eles.

O que tinha recebido cinco talentos trouxe os outros cinco e disse: 'O senhor me confiou cinco talentos; veja, eu ganhei mais cinco'".

"O senhor respondeu: 'Muito bem, servo bom e fiel! Você foi fiel no pouco; eu o porei sobre o muito. Venha e participe da alegria do seu senhor!'"

"Veio também o que tinha recebido dois talentos e disse: 'O senhor me confiou dois talentos; veja, eu ganhei mais dois'".

"O senhor respondeu: 'Muito bem, servo bom e fiel! Você foi fiel no pouco; eu o porei sobre o muito. Venha e participe da alegria do seu senhor!'"

"Por fim veio o que tinha recebido um talento e disse: 'Eu sabia que o senhor é um homem severo, que colhe onde não plantou e junta onde não semeou.

Por isso, tive medo, saí e escondi o seu talento no chão. Veja, aqui está o que lhe pertence'".

"O senhor respondeu: 'Servo mau e negligente! Você sabia que eu colho onde não plantei e junto onde não semeei?

Então você devia ter confiado o meu dinheiro aos banqueiros, para que, quando eu voltasse, o recebesse de volta com juros'".

"'Tirem o talento dele e entreguem-no ao que tem dez.

Pois a quem tem, mais será dado, e terá em grande quantidade. Mas a quem não tem, até o que tem lhe será tirado.

E lancem fora o servo inútil, nas trevas, onde haverá choro e ranger de dentes'".

24 ENCARAR A SOLIDÃO

Todos em algum momento da vida passarão por momentos em que nos sentiremos sozinhos, e a grande questão é: "O que faremos quando nos sentirmos assim?"

Devemos tentar tirar algo de positivo dessas circunstâncias.

A solidão é um sentimento que todos nós experimentamos em algum momento da vida, mas pode ser particularmente difícil quando se trata de líderes e figuras públicas. Jesus Cristo, como uma figura pública, enfrentou a solidão de maneira única.

Ao longo de sua vida, Jesus enfrentou muitas adversidades e obstáculos, incluindo a oposição de líderes religiosos e políticos e até mesmo a traição de um de seus próprios discípulos. Em seus momentos mais difíceis, Jesus muitas vezes se retirava para lugares isolados para orar e refletir.

PÍLULA:
HÁ MOMENTOS EM QUE LÍDERES SE SENTEM ABANDONADOS, MAS QUE PODEM SER DE GRANDE APRENDIZADO, POIS ESTARÃO ENFRENTANDO BATALHAS, FALANDO HONESTAMENTE, SE SUBMETENDO À SITUAÇÃO E RECEBENDO O PODER NECESSÁRIO PARA O QUE VIER PELA FRENTE.

A solidão pode ser um sentimento difícil de lidar para muitas pessoas, principalmente para líderes que estão constantemente rodeados por outros e têm muitas demandas e responsabilidades a cumprir. No entanto, a solidão pode ser uma oportunidade para o autoconhecimento, a reflexão e o fortalecimento da fé.

Na história de Jesus Cristo, descrita na Bíblia, podemos encontrar diversos momentos em que Ele enfrentou a solidão. Desde o início de sua missão, Jesus passou 40 dias no deserto, em jejum, meditação e oração. Nesse momento solitário, Ele enfrentou tentações e fortaleceu-se espiritualmente para o que viria a seguir.

Em outras ocasiões, Jesus retirou-se para lugares isolados para orar e meditar, como no Monte das Oliveiras, antes de ser preso e crucificado. Em seus momentos de maior sofrimento e agonia, Ele também enfrentou a solidão, quando seus discípulos o abandonaram e Ele foi deixado sozinho para enfrentar a sua crucificação.

Para os líderes atuais, encarar a solidão pode ser uma oportunidade para o autoconhecimento e a reflexão sobre a sua missão e propósito. Momentos de solidão podem ser utilizados para meditar, orar, analisar a própria conduta e tomar decisões importantes.

Além disso, a solidão pode ser uma oportunidade para fortalecer a fé e a confiança em Deus. Assim como Jesus, que enfrentou momentos difíceis sozinho, os líderes podem recorrer à oração e à meditação para encontrar paz, conforto e direção em momentos de crise ou dificuldade.

É importante lembrar, no entanto, que a solidão não deve ser confundida com o isolamento. Os líderes precisam estar atentos para não se afastarem das pessoas que os rodeiam e para manterem uma rede de apoio e relacionamentos saudáveis. A solidão pode ser um momento de pausa e reflexão, mas não deve ser uma forma de fuga ou desinteresse pelo próximo.

Em suma, encarar a solidão pode ser uma oportunidade valiosa para os líderes que desejam aprofundar o autoconhecimento, fortalecer a fé e refletir sobre a sua missão e propósito. É preciso encontrar um equilíbrio entre a busca por momentos de solidão e a manutenção de relacionamentos saudáveis e uma rede de apoio. Assim como Jesus, que enfrentou momentos de solidão em sua missão, os líderes podem encontrar forças para enfrentar os desafios e cumprir suas responsabilidades.

REFERÊNCIA BÍBLICA: MARCOS 14.32-42

Então foram para um lugar chamado Getsêmani, e Jesus disse aos seus discípulos: "Sentem-se aqui enquanto vou orar".

Levou consigo Pedro, Tiago e João, e começou a ficar aflito e angustiado.

E lhes disse: "A minha alma está profundamente triste, numa tristeza mortal. Fiquem aqui e vigiem".

Indo um pouco mais adiante, prostrou-se e orava para que, se possível, fosse afastada dele aquela hora.

E dizia: "Aba, Pai, tudo te é possível. Afasta de mim este cálice; contudo, não seja o que eu quero, mas sim o que tu queres".

Então, voltou aos seus discípulos e os encontrou dormindo. "Simão", disse ele a Pedro, "você está dormindo? Não pôde vigiar nem por uma hora?

Vigiem e orem para que não caiam em tentação. O espírito está pronto, mas a carne é fraca".

Mais uma vez, ele se afastou e orou, repetindo as mesmas palavras.

Quando voltou, de novo os encontrou dormindo, porque seus olhos estavam pesados. Eles não sabiam o que lhe dizer.

Voltando pela terceira vez, ele lhes disse: "Vocês ainda dormem e descansam? Basta! Chegou a hora! Eis que o Filho do homem está sendo entregue nas mãos dos pecadores.

Levantem-se e vamos! Aí vem aquele que me trai!".

25 PERDER PARA GANHAR

Quando conquistamos bens, riquezas ou um determinado cargo no trabalho, é difícil renunciar ao que lutamos para conquistar; porém, Jesus diz "se queres ser perfeito, vai, vende os teus bens, dá o dinheiro aos pobres, e terás um tesouro no céu. Depois, vem e segue-me".

**PÍLULA:
PERMITA QUE OUTROS GANHEM INICIALMENTE,
RENUNCIANDO A COISAS E PAGANDO O PREÇO PARA
PODER CRESCER, FOCANDO NO OBJETIVO E NO QUE ESTÁ POR VIR.**

A ideia de "perder para ganhar" pode parecer paradoxal à primeira vista, mas é uma lição fundamental que pode ser extraída da vida de Jesus Cristo e aplicada à liderança e ao sucesso em geral. De fato, essa ideia é tão central para a mensagem de Jesus que Ele a repetiu muitas vezes em seus ensinamentos, e seu próprio sacrifício na cruz é a ilustração definitiva dessa ideia.

Na perspectiva de Jesus, perder para ganhar significa renunciar a algo de valor imediato em troca de uma recompensa maior e duradoura no futuro. Isso pode envolver sacrifícios pessoais, como abandonar uma carreira lucrativa para seguir uma paixão ou missão mais significativa, ou abrir mão de um prazer ou conforto imediato para atingir um objetivo de longo prazo. Jesus também enfatizou a importância de colocar os outros em primeiro lugar e servir aos necessitados, mesmo que isso signifique perder algo pessoalmente.

Essa abordagem de sacrifício e serviço pode parecer contraproducente à primeira vista, mas há muitas vantagens para os líderes que adotam essa mentalidade. Em primeiro lugar, sacrificar algo de valor imediato pode mostrar aos outros que você está disposto a ir além do esperado para alcançar objetivos maiores. Isso pode inspirar os membros da equipe a se esforçarem mais e a confiar mais no líder, pois sabem que ele ou ela não estão apenas buscando benefícios pessoais.

Além disso, colocar os outros em primeiro lugar e servir aos necessitados pode criar uma cultura de colaboração e trabalho em equipe, em que todos se preocupam uns com os outros e trabalham juntos para alcançar objetivos comuns. Isso pode levar a um ambiente de trabalho mais harmonioso e produtivo, com menos conflitos e mais criatividade e inovação.

A história de Jesus Cristo ilustra claramente essa ideia de perder para ganhar. Ele abandonou sua vida confortável como carpinteiro e pregou a mensagem do amor e serviço, enfrentando oposição e até mesmo a morte. Sua morte na cruz foi um exemplo definitivo de sacrifício e perda pessoal em troca de um bem maior: a salvação da humanidade.

Além disso, Jesus encorajou seus discípulos a adotarem essa mesma mentalidade de sacrifício e serviço. Em Mateus 16:25, ele disse: "Porque, quem quiser salvar a sua vida, perdê-la-á; e quem perder a sua vida por amor de mim, achá-la-á". Essa passagem mostra que a abordagem de perder para ganhar não é apenas sobre sacrificar algo pessoal, mas também sobre encontrar algo maior e mais significativo em troca.

Hoje, muitos líderes de sucesso incorporam essa mentalidade em suas estratégias de liderança. Eles podem sacrificar seu tempo pessoal para ajudar suas equipes a alcançarem objetivos importantes, ou investir recursos em iniciativas que não trarão benefícios financeiros imediatos, mas que contribuirão para o crescimento futuro da empresa.

Em resumo, a lição de perder para ganhar é uma ideia poderosa que pode ajudar os líderes a alcançarem o sucesso duradouro e construir uma cultura a ser seguida pelos outros a sua volta.

REFERÊNCIA BÍBLICA: LUCAS 23.1-47

Então toda a assembleia levantou-se e o levou a Pilatos.

E começaram a acusá-lo, dizendo: "Encontramos este homem subvertendo a nossa nação. Ele proíbe o pagamento de imposto a César e se declara ele próprio o Cristo, um rei".

Pilatos perguntou a Jesus: "Você é o rei dos judeus?" "Tu o dizes", respondeu Jesus.

Então Pilatos disse aos chefes dos sacerdotes e à multidão: "Não encontro motivo para acusar este homem".

Mas eles insistiam: "Ele está subvertendo o povo em toda a Judeia com os seus ensinamentos. Começou na Galileia e chegou até aqui".

Ouvindo isso, Pilatos perguntou se Jesus era galileu.

Quando ficou sabendo que ele era da jurisdição de Herodes, enviou-o a Herodes, que também estava em Jerusalém naqueles dias.

Quando Herodes viu Jesus, ficou muito alegre, porque havia muito tempo queria vê-lo. Pelo que ouvira falar dele, esperava vê-lo realizar algum milagre.

Interrogou-o com muitas perguntas, mas Jesus não lhe deu resposta.

Os chefes dos sacerdotes e os mestres da lei estavam ali, acusando-o com veemência.

Então Herodes e os seus soldados ridicularizaram-no e zombaram dele. Vestindo-o com um manto esplêndido, mandaram-no de volta a Pilatos.

Herodes e Pilatos, que até ali eram inimigos, naquele dia tornaram-se amigos.

Pilatos reuniu os chefes dos sacerdotes, as autoridades e o povo, dizendo-lhes: "Vocês me trouxeram este homem como alguém que estava incitando o povo à rebelião. Eu o examinei na presença de vocês e não achei nenhuma base para as acusações que fazem contra ele.

Nem Herodes, pois ele o mandou de volta para nós. Como podem ver, ele nada fez que mereça a morte.

Portanto, eu o castigarei e depois o soltarei.

Ele era obrigado a soltar-lhes um preso durante a festa".

A uma só voz eles gritaram: "Acaba com ele! Solta-nos Barrabás!".

(Barrabás havia sido lançado na prisão por causa de uma insurreição na cidade e por assassinato).

Desejando soltar a Jesus, Pilatos dirigiu-se a eles novamente.

Mas eles continuaram gritando: "Crucifica-o! Crucifica-o!".

Pela terceira vez ele lhes falou: "Por quê? Que crime este homem cometeu? Não encontrei nele nada digno de morte. Vou mandar castigá-lo e depois o soltarei".

Eles, porém, pediam insistentemente, com fortes gritos, que ele fosse crucificado; e a gritaria prevaleceu.

Então Pilatos decidiu fazer a vontade deles.

Libertou o homem que havia sido lançado na prisão por insurreição e assassinato, aquele que eles haviam pedido, e entregou Jesus à vontade deles.

Enquanto o levavam, agarraram Simão de Cirene, que estava chegando do campo, e lhe colocaram a cruz às costas, fazendo-o carregá-la atrás de Jesus.

Um grande número de pessoas o seguia, inclusive mulheres que lamentavam e choravam por ele.

Jesus voltou-se e disse-lhes: "Filhas de Jerusalém, não chorem por mim; chorem por vocês mesmas e por seus filhos!

Pois chegará a hora em que vocês dirão: 'Felizes as estéreis, os ventres que nunca geraram e os seios que nunca amamentaram!'".

"Então dirão às montanhas: 'Caiam sobre nós!' e às colinas: 'Cubram-nos!'

Pois, se fazem isto com a árvore verde, o que acontecerá quando ela estiver seca?"

Dois outros homens, ambos criminosos, também foram levados com ele, para serem executados.

Quando chegaram ao lugar chamado Caveira, ali o crucificaram com os criminosos, um à sua direita e o outro à sua esquerda.

Jesus disse: "Pai, perdoa-lhes, pois não sabem o que estão fazendo". Então eles dividiram as roupas dele, tirando sortes.

O povo ficou observando, e as autoridades o ridicularizavam. "Salvou os outros", diziam; "salve-se a si mesmo, se é o Cristo de Deus, o Escolhido".

Os soldados, aproximando-se, também zombavam dele. Oferecendo-lhe vinagre, diziam: "Se você é o rei dos judeus, salve-se a si mesmo".

Havia uma inscrição acima dele, que dizia: ESTE É O REI DOS JUDEUS.

Um dos criminosos que ali estavam dependurados lançava-lhe insultos: "Você não é o Cristo? Salve-se a si mesmo e a nós!".

Mas o outro criminoso o repreendeu, dizendo: "Você não teme a Deus, nem estando sob a mesma sentença?

Nós estamos sendo punidos com justiça, porque estamos recebendo o que os nossos atos merecem. Mas este homem não cometeu nenhum mal".

Então ele disse: "Jesus, lembra-te de mim quando entrares no teu Reino".

Jesus lhe respondeu: "Eu lhe garanto: Hoje você estará comigo no paraíso".

Já era quase meio-dia, e trevas cobriram toda a terra até às três horas da tarde; o sol deixara de brilhar. E o véu do santuário rasgou-se ao meio.

Jesus bradou em alta voz: "Pai, nas tuas mãos entrego o meu espírito". Tendo dito isso, expirou.

O centurião, vendo o que havia acontecido, louvou a Deus, dizendo: "Certamente este homem era justo".

26 SURPREENDER A TODOS

É simplesmente impossível mensurar o quanto Deus nos surpreende diariamente. Deus excede nosso limite de entendimento e compreensão. Um exemplo, para isso, é Ele ter enviado seu Filho Jesus para que, por meio de sua morte, pudéssemos hoje ter vida. Seria muito mais simples exterminar essa raça de ingratos e inconsequentes que nós somos, como fez no dilúvio. No entanto, Deus não pensa como nós, Ele é movido por um amor imenso, o que fez com que Ele tivesse misericórdia de nós, e nos surpreendeu nos dando a vida eterna por intermédio de seu Filho Jesus Cristo.

PÍLULA:
QUANDO NINGUÉM MAIS ESPERAR,
ACHAR QUE NÃO HÁ SOLUÇÃO OU QUE TUDO ESTÁ PERDIDO,
APAREÇA E DEMONSTRE QUE ESTÁ SEMPRE COM A EQUIPE,
MESMO QUE FISICAMENTE ESTEJA DISTANTE.

A capacidade de surpreender a todos é uma habilidade importante para qualquer líder que deseja se destacar e alcançar o sucesso. Na Bíblia, Jesus Cristo é um exemplo de alguém que frequentemente surpreendeu as pessoas com suas ações e palavras. A partir de sua história, podemos aprender sobre a importância de surpreender a todos e como isso pode levar a grandes conquistas na vida pessoal e profissional.

Jesus é frequentemente descrito como um líder incomum. Em vez de seguir as tradições e normas estabelecidas, ele desafiou as expectativas das pessoas e agiu de maneiras que muitas vezes as surpreendiam. Ele curava os doentes, alimentava os pobres, perdoava aos pecadores e ensinava sobre o amor e a compaixão. Seus ensinamentos e ações surpreendentes atraíram muitos seguidores e o tornaram uma figura importante em sua época, e o tornam ainda hoje.

Um exemplo claro de como Jesus surpreendeu as pessoas pode ser encontrado no episódio em que Ele censura os fariseus e escribas, em Mateus 23: "Então, falou Jesus à multidão e aos seus discípulos, dizendo: Na cadeira de Moisés, estão assentados os escribas e fariseus. Observai, pois, e praticai tudo o que vos disserem; mas não procedais em conformidade com as suas obras, porque dizem e não praticam. Pois atam fardos pesados e difíceis de suportar, e os põem sobre os ombros dos homens; eles, porém, nem com o dedo querem movê-los. E fazem todas as obras a fim de serem vistos pelos homens, pois trazem largos filactérios, e alargam as franjas das suas vestes, e amam os primeiros lugares nas ceias, e as primeiras cadeiras nas sinagogas, e as saudações nas praças, e o serem chamados pelos homens: — Rabi, Rabi. Vós, porém, não queirais ser chamados Rabi, porque um só é o vosso Mestre, a saber, o Cristo, e todos vós sois irmãos. E a ninguém na Terra chameis vosso pai, porque um só é o vosso Pai, o qual está nos céus. Nem vos chameis mestres, porque um só é o vosso Mestre, que é o Cristo. Porém, o maior dentre vós será vosso servo. E o que a si mesmo se exaltar será humilhado; e o que a si mesmo se humilhar será exaltado.

Na vida atual dos líderes, a habilidade de surpreender pode levar ao sucesso em diversos aspectos, como nos negócios, política, artes, esportes e outras áreas. A capacidade de pensar fora da caixa, de inovar, de surpreender com uma abordagem diversa, pode diferenciar um líder dos demais e torná-lo mais bem-sucedido. Por exemplo, um líder empresarial que lança um novo produto ou serviço inovador, que surpreende seus clientes com uma experiência única ou que apresenta uma solução original para um problema pode se destacar e conquistar novos mercados. Da mesma forma, um líder político que adota uma abordagem inesperada para resolver um conflito ou que apresenta uma ideia original para melhorar a vida dos cidadãos pode ganhar a admiração do público e obter resultados positivos.

Mas, para surpreender a todos, é preciso correr riscos e sair da zona de conforto. Como Jesus mostrou, é preciso ter coragem para agir de maneira diferente e desafiar as expectativas. Isso pode significar correr o risco de ser mal interpretado, criticado ou mesmo ridicularizado. Mas, se um líder estiver disposto a correr esses riscos e perseverar em sua visão, ele pode alcançar o sucesso e se destacar dos demais.

Além disso, é importante lembrar que surpreender não significa apenas agir de maneira incomum, mas também pode significar superar expectativas e alcançar resultados inesperados.

REFERÊNCIA BÍBLICA: JOÃO 20.1-10

No primeiro dia da semana, bem cedo, estando ainda escuro, Maria Madalena chegou ao sepulcro e viu que a pedra da entrada tinha sido removida.

Então correu ao encontro de Simão Pedro e do outro discípulo, aquele a quem Jesus amava, e disse: "Tiraram o Senhor do sepulcro, e não sabemos onde o colocaram!".

Pedro e o outro discípulo saíram e foram para o sepulcro.

Os dois corriam, mas o outro discípulo foi mais rápido que Pedro e chegou primeiro ao sepulcro.

Ele se curvou e olhou para dentro, viu as faixas de linho ali, mas não entrou.

A seguir Simão Pedro, que vinha atrás dele, chegou, entrou no sepulcro e viu as faixas de linho, bem como o lenço que estivera sobre a cabeça de Jesus. Ele estava dobrado à parte, separado das faixas de linho.

Depois o outro discípulo, que chegara primeiro ao sepulcro, também entrou. Ele viu e creu (eles ainda não haviam compreendido que, conforme a Escritura, era necessário que Jesus ressuscitasse dos mortos).

Os discípulos voltaram para casa.

27 INTERPRETAR A SITUAÇÃO

Quando Jesus veio ao mundo, Ele sabia que se Ele ensinasse as pessoas sobre o Reino dos céus, e depois fosse embora sem deixar ninguém que continuasse levando a sua palavra, com o passar do tempo as pessoas começariam a se perder novamente para as vaidades do mundo.

Analisando a situação, Jesus preparou seus discípulos para que pregassem o evangelho após a sua partida. "Serei minhas testemunhas tanto em Jerusalém como em toda a Judeia e Samaria e até os confins da terra" (Atos 1.8), além disso ordenou: "Ide por todo o mundo e pregai o evangelho a toda criatura. Quem crer e for batizado será salvo, quem, porém, não crer será condenado" (Marcos 16:15-16).

PÍLULA:
O LÍDER IDENTIFICA A CONFUSÃO NAS PESSOAS E A NECESSIDADE DE TER ALGUÉM PARA GUIAR, E AJUDA EXPLICANDO OS FATOS, INTERPRETANDO A REALIDADE, E CLAREANDO A PERSPECTIVA E O CONJUNTO.

Interpretar a situação é uma habilidade crucial para os líderes em qualquer campo. Saber ler e entender o contexto em que estamos inseridos, analisar as informações disponíveis e tomar decisões bem-informadas podem fazer toda a diferença para o sucesso de um projeto, empresa ou mesmo para a vida pessoal. E essa habilidade é uma das que podem ser observadas na história de Jesus Cristo, descrita na Bíblia.

Jesus foi um líder que soube interpretar as situações em que se encontrava e tomar decisões bem-informadas. Em várias ocasiões, ele se viu diante de conflitos, desafios e dilemas, e em cada um desses momentos, soube ler o contexto e agir de maneira apropriada.

Por exemplo, quando os fariseus trouxeram uma mulher adúltera a Jesus, perguntando se ela deveria ser apedrejada conforme a lei de Moisés, Jesus interpretou a situação e respondeu de maneira sábia: "Aquele que dentre vós estiver sem pecado, seja o primeiro que lhe atire uma pedra" (João 8:7). Com essa resposta, Jesus não só evitou que a mulher fosse apedrejada, mas também expôs a hipocrisia dos fariseus, que se viam como justos e perfeitos, mas também eram pecadores.

Na vida dos líderes atuais, a habilidade de interpretar a situação pode ser aplicada em várias situações. Por exemplo, em um ambiente de negócios, um líder que sabe ler o mercado e interpretar as tendências pode tomar decisões mais informadas e levar sua empresa ao sucesso. Da mesma forma, em um ambiente político, um líder que compreende o contexto social e econômico do país pode implementar políticas públicas mais eficazes.

Para desenvolver a habilidade de interpretar a situação, é preciso estar sempre atento ao ambiente em que se está inserido, buscando informações relevantes e fazendo uma análise crítica das mesmas. É importante também estar aberto a diferentes pontos de vista e a perspectivas diferentes da sua. A leitura e o estudo são essenciais para se manter bem informado e atualizado sobre os assuntos relevantes.

Além disso, é importante ter em mente que interpretar a situação não significa apenas analisar os fatos objetivos, mas também levar em consideração os aspectos subjetivos, como as emoções e as motivações das pessoas envolvidas. A empatia e a capacidade de se colocar no lugar do outro são habilidades importantes para interpretar a situação de forma mais completa e tomar decisões mais adequadas.

REFERÊNCIA BÍBLICA: LUCAS 24.13-31

Naquele mesmo dia, dois deles estavam indo para um povoado chamado Emaús, a onze quilômetros de Jerusalém.

No caminho, conversavam a respeito de tudo o que havia acontecido.

Enquanto conversavam e discutiam, o próprio Jesus se aproximou e começou a caminhar com eles; mas os olhos deles foram impedidos de reconhecê-lo.

Ele lhes perguntou: "Sobre o que vocês estão discutindo enquanto caminham?". Eles pararam, com os rostos entristecidos.

Um deles, chamado Cleopas, perguntou-lhe: "Você é o único visitante em Jerusalém que não sabe das coisas que ali aconteceram nestes dias?".

"Que coisas?", perguntou ele. "O que aconteceu com Jesus de Nazaré", responderam eles. "Ele era um profeta, poderoso em palavras e em obras diante de Deus e de todo o povo.

Os chefes dos sacerdotes e as nossas autoridades o entregaram para ser condenado à morte, e o crucificaram; e nós esperávamos que era ele que ia trazer a redenção a Israel. E hoje é o terceiro dia desde que tudo isso aconteceu.

Algumas das mulheres entre nós nos deram um susto hoje. Foram de manhã bem cedo ao sepulcro e não acharam o corpo dele. Voltaram e nos contaram que tinham tido uma visão de anjos, que disseram que ele está vivo.

Alguns dos nossos companheiros foram ao sepulcro e encontraram tudo exatamente como as mulheres tinham dito, mas não o viram".

Ele lhes disse: "Como vocês custam a entender e como demoram a crer em tudo o que os profetas falaram!

Não devia o Cristo sofrer estas coisas, para entrar na sua glória?".

E começando por Moisés e todos os profetas, explicou-lhes o que constava a respeito dele em todas as Escrituras.

Ao se aproximarem do povoado para o qual estavam indo, Jesus fez como quem ia mais adiante.

Mas eles insistiram muito com ele: "Fique conosco, pois a noite já vem; o dia já está quase findando". Então, ele entrou para ficar com eles.

Quando estava à mesa com eles, tomou o pão, deu graças, partiu-o e o deu a eles.

Então os olhos deles foram abertos e o reconheceram, e ele desapareceu da vista deles.

28 DEIXAR UM LEGADO

Por muitos, a palavra *legado* pode ser confundida com herança. Vamos conceituar rapidamente herança: representa todo bem, móvel, imóvel que recebemos de alguém, quer seja por testamento ou por direito no ato de sua morte. Herança é algo que um dia acaba, se perde. Agora, legado nos fala de princípios, de valores, exemplo de vida. É algo que você recebe e que permanece por toda a vida.

O legado de Jesus Cristo é extremamente significativo e influente em todo o mundo. Como uma figura histórica e religiosa, seus ensinamentos e exemplo têm sido uma fonte de inspiração para bilhões de pessoas ao longo dos séculos.

Que nós possamos ser fiéis a Deus, que sempre haja fé, temor, honra no nosso coração e que esse seja o legado que nós vamos deixar para os nossos filhos.

PÍLULA:
LIDAR COM O AMANHÃ COMO SE JÁ FOSSE HOJE,
POIS O VALOR FINAL DE UM LÍDER É MEDIDO
PELA QUALIDADE DOS QUE O SUCEDERAM,
DIRECIONANDO-OS PARA CUMPRIR A MISSÃO FUTURA.

Deixar um legado é uma das maiores preocupações do ser humano. Todos nós queremos ser lembrados por algo que fizemos, algo que marcou a vida das pessoas ao nosso redor e que, de alguma forma, contribuiu para a melhoria do mundo em que vivemos. Essa é uma preocupação que não é nova e que sempre esteve presente na história da humanidade. E quando falamos sobre deixar um legado, não há como não mencionar a história de Jesus Cristo, que deixou um legado de amor, paz, esperança e salvação para a humanidade.

A história de Jesus Cristo é a história de um homem que veio ao mundo para fazer a diferença. Ele não apenas veio para ensinar e curar, mas também para mudar a vida das pessoas para sempre. Jesus tinha plena consciência de sua missão e sabia que teria que deixar um legado para que sua mensagem pudesse ser transmitida de geração em geração. Ele sabia que seu tempo na Terra seria limitado e que precisava fazer o máximo para cumprir sua missão e deixar um legado duradouro.

O legado de Jesus Cristo começa com seu nascimento em Belém, sua vida pública de ensinamentos e milagres, sua morte na cruz e sua ressurreição. Ele veio ao mundo para ensinar o amor ao próximo, o perdão, a humildade, a justiça e a bondade. Seu exemplo de vida serviu como modelo para milhões de pessoas ao longo dos séculos. Jesus pregava que devemos amar a Deus acima de todas as coisas e amar o próximo como a nós mesmos, um ensinamento que se tornou um dos pilares da religião cristã.

Mas o legado de Jesus Cristo não se limita apenas às suas palavras e ensinamentos. Ele também deixou um exemplo de coragem, fé e comprometimento. Jesus enfrentou muitos desafios e perseguições ao longo de sua vida pública, mas nunca desistiu de sua missão. Ele tinha uma fé inabalável em Deus e em seu propósito, o que lhe deu força e coragem para superar todos os obstáculos que encontrou.

Além disso, Jesus Cristo deixou um legado de esperança e salvação. Sua morte na cruz e sua ressurreição são a base da fé cristã e representam a libertação da humanidade do pecado e da morte. Seu sacrifício é visto como um ato de amor supremo, um exemplo de altruísmo e generosidade que inspira milhões de pessoas até hoje.

A importância de deixar um legado é grande para os líderes atuais. Eles precisam entender que suas ações têm um impacto significativo na vida das pessoas ao seu redor e que, ao deixar um legado positivo, podem inspirar e motivar muitas outras pessoas. Um líder que deixa um legado de integridade, coragem, empatia e comprometimento pode ser um exemplo para muitas gerações futuras.

Para deixar um legado duradouro, os líderes precisam ter uma visão clara de seus objetivos e valores. Eles precisam estar comprometidos com uma causa maior e dispostos a trabalhar duro para alcançá-la.

REFERÊNCIA BÍBLICA: MATEUS 28.16-20

Os onze discípulos foram para a Galileia, para o monte que Jesus lhes indicara.

Quando o viram o adoraram; mas alguns duvidaram.

Então, Jesus aproximou-se deles e disse: "Foi-me dada toda a autoridade no céu e na terra.

Portanto, vão e façam discípulos de todas as nações, batizando-os em nome do Pai e do Filho e do Espírito Santo, ensinando-os a obedecer a tudo o que eu lhes ordenei. E eu estarei sempre com vocês, até o fim dos tempos".

29 IDENTIFICAR PRONTIDÃO

Jesus deixou vários ensinamentos a seus seguidores, dentre eles falou sobre a importância da prontidão. Disse ele: "Estejam prontos para servir, e conservem acesas as suas candeias, como aqueles que esperam seu senhor voltar do banquete de casamento; para que, quando ele chegar e bater, possam abrir-lhe a porta imediatamente. Felizes os servos cujo senhor os encontra vigiando, quando voltar. Eu lhes afirmo que ele se vestirá para servir, fará que se reclinem à mesa, e virá servi-los. Mesmo que ele chegue de noite ou de madrugada, felizes os servos que o senhor encontrar preparados. Entendam, porém, isto: se o dono da casa soubesse a que hora viria o ladrão, não permitiria que a sua casa fosse arrombada. Estejam também vocês preparados porque o Filho do homem virá numa hora em que não esperam" (Lucas 12:35-48).

PÍLULA:
SAIBA QUANDO NOVOS LÍDERES ESTÃO PRONTOS PARA ASSUMIREM SUAS MISSÕES E PAPÉIS, FORMALIZANDO ESSA NOVA SITUAÇÃO E ENCORAJANDO-OS PARA TAL.

A identificação da prontidão é um aspecto fundamental da liderança, pois permite que o líder selecione as pessoas certas para determinadas tarefas e responsabilidades. Em sua trajetória, Jesus Cristo demonstrou a habilidade de identificar a prontidão em seus discípulos e outros seguidores, selecionando aqueles que estavam prontos para assumir responsabilidades mais elevadas e desafiadoras.

Na Bíblia, há várias passagens que mostram Jesus identificando a prontidão em seus discípulos. Um exemplo notável é o chamado de Pedro, André, Tiago e João, que deixaram tudo para seguir Jesus quando Ele os chamou (Marcos 1:16-20). Outro exemplo é o de Mateus, um coletor de impostos que Jesus chamou para segui-lo, apesar da desaprovação dos fariseus (Mateus 9:9-13).

Jesus também foi capaz de identificar a prontidão em momentos cruciais de sua missão, como na escolha dos doze apóstolos. Ele selecionou homens que seriam capazes de continuar sua obra após sua morte e ressurreição, e que foram fundamentais para a propagação do cristianismo. Além disso, Jesus foi capaz de identificar a prontidão em momentos de crise, como quando Ele pediu a Pedro, Tiago e João que o acompanhassem ao Jardim do Getsêmani, enquanto os outros discípulos ficaram para trás (Marcos 14:32-42).

A habilidade de identificar a prontidão é igualmente importante para líderes atuais. É crucial que os líderes saibam identificar quais membros da equipe estão prontos para assumir maiores responsabilidades e desafios, e qualificar os membros da equipe para novos papéis. Isso não só ajuda a desenvolver a equipe, mas também ajuda a empresa a crescer e prosperar.

No entanto, identificar a prontidão não é uma tarefa fácil. Os líderes precisam estar cientes das habilidades, atitudes e características dos membros da equipe, bem como das necessidades da organização. Eles devem estar dispostos a ouvir e observar a equipe, e estar abertos a mudanças. Eles também devem estar dispostos a investir tempo e recursos para treinar e desenvolver a equipe.

Além disso, os líderes devem ter cuidado para não subestimar ou superestimar a prontidão dos membros da equipe. É importante levar em consideração o histórico e o desempenho anterior da equipe, bem como suas ambições e interesses. Os líderes devem estar preparados para fornecer *feedback* construtivo e orientação aos membros da equipe, a fim de ajudá-los a desenvolver suas habilidades e capacidades.

Em resumo, a habilidade de identificar a prontidão é crucial para líderes atuais. A história de Jesus Cristo nos mostra a importância de selecionar as pessoas certas para as tarefas certas, e como isso pode levar a resultados notáveis. Identificar a prontidão requer dedicação e esforço, mas os benefícios são imensos para o desenvolvimento da equipe e do negócio.

REFERÊNCIA BÍBLICA: JOÃO 20:20.21

Novamente Jesus disse: "Paz seja com vocês! Assim como o Pai me enviou, eu os envio".

CAPÍTULO 2
CARACTERÍSTICAS

30 AGIR COM VERDADE

Em diversas situações, somos tentados a agir de maneiras que não condizem com a vontade de Deus, por vezes no trabalho situações são criadas para nos testarem.

Mas a palavra diz: "Assim, mantenham-se firmes, cingindo-se com o cinto da verdade, vestindo a couraça da justiça" (Efésios 6.14). Independentemente da situação, devemos escolher o que agrada a Deus.

Jesus é amplamente conhecido por sua mensagem de amor e verdade. Na Bíblia, ele é descrito como alguém que falava a verdade sem medo, mesmo quando isso ia contra as tradições e crenças da época. Ele enfatizava a importância de agir com integridade e honestidade em todas as situações.

PÍLULA:
FAÇA O QUE DEVE SER FEITO, O QUE É CERTO E PELOS MOTIVOS CERTOS, E NÃO EM FUNÇÃO DOS OUTROS, MUITO MENOS POR APARÊNCIA, MAS SIM POR UMA FORTE CONVICÇÃO.

A verdade é uma das virtudes mais importantes que uma pessoa pode ter. A honestidade, a transparência e a sinceridade são fundamentais para construir relacionamentos saudáveis e confiança. Jesus Cristo é um exemplo de alguém que agiu com verdade em todas as suas ações e ensinamentos.

Na Bíblia, Jesus é descrito como "o caminho, a verdade e a vida" (João 14:6). Ele nunca mentiu ou enganou alguém, mesmo quando era difícil ou impopular. Em vez disso, ele sempre falou a verdade, mesmo que isso significasse ir contra a opinião popular. Jesus sempre foi honesto em seus ensinamentos, mostrando um compromisso inabalável com a verdade.

Ao longo de sua vida, Jesus enfatizou a importância de viver com integridade e sinceridade. Em seu famoso sermão do monte, ele disse: "Seja o seu sim, sim, e o seu não, não" (Mateus 5:37). Ele ensinou que as pessoas deveriam ser verdadeiras em suas palavras e ações, não prometendo o que não podem cumprir ou mentindo para obter vantagem.

Jesus também mostrou a importância de agir com verdade em suas interações pessoais. Ele se relacionava com as pessoas de maneira honesta e autêntica, ouvindo-as atentamente e respondendo com compaixão e sabedoria. Ele não fingia interesse ou fingia ser alguém que não era. Sua sinceridade era evidente em cada palavra e ação, e ele era respeitado por isso.

A importância de agir com verdade é algo que líderes atuais devem levar em consideração. Em um mundo onde a desonestidade é comum, a verdade pode ser um diferencial para líderes que desejam inspirar e guiar sua equipe. Aqueles que agem com integridade e sinceridade são mais propensos a construir relacionamentos saudáveis e duradouros com seus colegas, clientes e parceiros de negócios.

Líderes que agem com verdade também são mais propensos a tomar decisões justas e equilibradas. Quando as informações são precisas e as ações são transparentes, é mais fácil tomar decisões informadas que beneficiem a todos os envolvidos. Aqueles que escondem a verdade ou agem com desonestidade, por outro lado, podem tomar decisões que prejudicam a todos em longo prazo.

Além disso, agir com verdade é uma questão de integridade pessoal. Quando um líder age com desonestidade, isso pode afetar negativamente sua autoestima e autoimagem. Por outro lado, ser honesto e transparente pode fortalecer a autoestima e a autoconfiança de um líder, tornando-o mais eficaz e respeitado.

Em resumo, agir com verdade é essencial para construir relacionamentos duradouros e saudáveis, tomar decisões informadas e justas e manter a integridade pessoal. Jesus Cristo é um exemplo de como a verdade pode ser um pilar fundamental para uma vida de sucesso e realização. Líderes atuais podem seguir este exemplo, agindo com sinceridade, honestidade e transparência em todas as suas ações e decisões.

REFERÊNCIA BÍBLICA: MATEUS 6.1-18

"Tenham o cuidado de não praticar suas 'obras de justiça' diante dos outros para serem vistos por eles. Se fizerem isso, vocês não terão nenhuma recompensa do Pai celestial."

"Portanto, quando você der esmola, não anuncie isso com trombetas, como fazem os hipócritas nas sinagogas e nas ruas, a fim de serem honrados pelos outros. Eu lhes garanto que eles já receberam sua plena recompensa.

Mas quando você der esmola, que a sua mão esquerda não saiba o que está fazendo a direita, de forma que você preste a sua ajuda em segredo. E seu Pai, que vê o que é feito em segredo, o recompensará".

"E quando vocês orarem, não sejam como os hipócritas. Eles gostam de ficar orando em pé nas sinagogas e nas esquinas, a fim de serem vistos pelos outros. Eu lhes asseguro que eles já receberam sua plena recompensa. Mas quando você orar, vá para seu quarto,

feche a porta e ore a seu Pai, que está no secreto. Então seu Pai, que vê no secreto, o recompensará.

E quando orarem, não fiquem sempre repetindo a mesma coisa, como fazem os pagãos. Eles pensam que por muito falarem serão ouvidos.

Não sejam iguais a eles, porque o seu Pai sabe do que vocês precisam, antes mesmo de o pedirem.

Vocês, orem assim: 'Pai nosso, que estás nos céus! Santificado seja o teu nome.

Venha o teu Reino; seja feita a tua vontade, assim na terra como no céu.

Dá-nos hoje o nosso pão de cada dia.

Perdoa as nossas dívidas, assim como perdoamos aos nossos devedores.

E não nos deixes cair em tentação, mas livra-nos do mal, porque teu é o Reino, o poder e a glória para sempre. Amém'.

Pois se perdoarem as ofensas uns dos outros, o Pai celestial também lhes perdoará.

Mas se não perdoarem uns aos outros, o Pai celestial não lhes perdoará as ofensas".

"Quando jejuarem, não mostrem uma aparência triste como os hipócritas, pois eles mudam a aparência do rosto a fim de que os homens vejam que eles estão jejuando. Eu lhes digo verdadeiramente que eles já receberam sua plena recompensa.

Ao jejuar, ponha óleo sobre a cabeça e lave o rosto, para que não pareça aos outros que você está jejuando, mas apenas a seu Pai, que vê no secreto. E seu Pai, que vê no secreto, o recompensará".

31 POSSUIR IDENTIDADE

Um líder deve se manter firme em seu papel. Só assim ele garantirá a confiança do seu povo.

Jesus é uma figura histórica que tem influenciado a humanidade há mais de dois mil anos. Uma das coisas mais notáveis sobre Jesus é que Ele sempre manteve sua identidade, mesmo quando isso significava desafiar as normas sociais e as autoridades religiosas de sua época.

PÍLULA:
O LÍDER TEM SUA IDENTIDADE ÚNICA E LIDERA A PARTIR DO QUE É, INDEPENDENTEMENTE DO CENÁRIO DESFAVORÁVEL E DO QUE POSSA ACONTECER DE RUIM.

A identidade é um aspecto fundamental da vida de qualquer indivíduo, especialmente quando se trata de líderes. Ter uma identidade clara e autêntica permite que sejam tomadas decisões sólidas, orientadas por princípios e valores que refletem quem somos e o que defendemos. Jesus Cristo, como um líder espiritual, é um exemplo perfeito da importância de possuir uma identidade forte e autêntica.

Jesus nunca escondeu quem ele era. Desde o início de seu ministério, ele deixou claro que era o Filho de Deus e veio à terra para salvar a humanidade. Ele era fiel a si mesmo e aos seus princípios, mesmo diante de forte oposição e perseguição.

A primeira vez que Jesus declarou abertamente sua identidade foi quando ele visitou a sinagoga em Nazaré, onde foi criado. Ele leu as escrituras e declarou: "O Espírito do Senhor está sobre mim, porque ele me ungiu para pregar boas-novas aos pobres. Ele me enviou para proclamar liberdade aos cativos e recuperação da vista aos cegos, para libertar os oprimidos e proclamar o ano da graça do Senhor" (Lucas 4:18-19). Essa declaração fez com que os líderes religiosos da época se opusessem a ele e procurassem maneiras de silenciá-lo, mas Jesus permaneceu fiel à sua identidade e propósito.

Jesus também ensinou a seus seguidores a importância de possuir uma identidade autêntica. Ele enfatizou a importância de não se conformar com o mundo ao nosso redor, mas ser transformado pela renovação de nossas mentes (Romanos 12:2). Ele também ensinou que a verdadeira felicidade vem de seguir os ensinamentos de Deus e viver de acordo com nossos valores e princípios (Mateus 5:1-12).

Além disso, Jesus também ajudou seus discípulos a descobrir e desenvolver suas identidades. Ele escolheu a dedo seus discípulos, conhecendo cada um deles individualmente e reconhecendo seus pontos fortes e fracos. Ele trabalhou para ajudá-los a se tornarem as melhores versões de si mesmos e cumprir sua missão no mundo.

Na vida dos líderes atuais, a importância de possuir uma identidade autêntica não pode ser subestimada. Líderes eficazes precisam ter uma compreensão clara de quem são e do que representam, a fim de tomar decisões sólidas e orientadas por valores, e inspirar aqueles que lideram.

Ao desenvolver uma identidade forte e autêntica, os líderes podem inspirar confiança e lealdade entre seus seguidores. Eles podem demonstrar clareza em sua visão e missão, e criar uma cultura organizacional que valorize a integridade e a autenticidade.

Por outro lado, os líderes que não possuem uma identidade clara correm o risco de serem incoerentes e confusos em suas ações e decisões, e podem perder a confiança e o respeito de seus seguidores.

REFERÊNCIA BÍBLICA: JOÃO 1.1-14

No princípio era aquele que é a Palavra. Ele estava com Deus, e era Deus.

Ela estava com Deus no princípio.

Todas as coisas foram feitas por intermédio dele; sem ele, nada do que existe teria sido feito.

Nele estava a vida, e esta era a luz dos homens.

A luz brilha nas trevas, e as trevas não a derrotaram.

Surgiu um homem enviado por Deus, chamado João.

Ele veio como testemunha, para testificar acerca da luz, a fim de que por meio dele todos os homens cressem.

Ele próprio não era a luz, mas veio como testemunha da luz.

Estava chegando ao mundo a verdadeira luz, que ilumina todos os homens.

Aquele que é a Palavra estava no mundo, e o mundo foi feito por intermédio dele, mas o mundo não o reconheceu.

Veio para o que era seu, mas os seus não o receberam.

Contudo, aos que o receberam, aos que creram em seu nome, deu-lhes o direito de se tornarem filhos de Deus, os quais não nasceram por descendência natural, nem pela vontade da carne nem pela vontade de algum homem, mas nasceram de Deus.

Aquele que é a Palavra tornou-se carne e viveu entre nós. Vimos a sua glória, glória como do Unigênito vindo do Pai, cheio de graça e de verdade.

32 TER CREDIBILIDADE

Quando prometemos algo e cumprimos, as pessoas tendem a confiar em nós.

Para ser um bom líder, a credibilidade é uma das principais características que buscamos, pois precisamos confiar que quem está acima de nós está buscando o que for melhor para o todo, e não apenas para si.

Jesus é reconhecido como uma figura histórica de grande credibilidade, não apenas pelos cristãos, mas também por muitos não cristãos. Sua mensagem de amor, paz e justiça ressoa até hoje e suas ações e ensinamentos inspiraram gerações de pessoas a viver de forma mais compassiva e empática.

**PÍLULA:
AO RESOLVER UM PROBLEMA SIGNIFICATIVO E DAR UMA SOLUÇÃO EFETIVA, AS PESSOAS RECONHECERÃO E SEGUIRÃO MAIS FACILMENTE O LÍDER.**

Ter credibilidade é essencial para qualquer líder que queira ser bem-sucedido em suas atividades. Sem credibilidade, é difícil construir relacionamentos de confiança com as pessoas; e sem isso, é ainda mais difícil liderar de maneira eficaz. A credibilidade é a base para a confiança e, sem ela, qualquer líder corre o risco de ter suas ações questionadas e suas palavras ignoradas.

Na história de Jesus Cristo, vemos um líder que possuía uma imensa credibilidade junto às pessoas. Jesus não apenas pregava a verdade, mas vivia de acordo com seus ensinamentos. Ele se preocupava com as pessoas, mostrando compaixão e misericórdia com aqueles que estavam em necessidade. Ele demonstrava amor e humildade em suas ações e palavras, o que fez com que as pessoas confiassem nele e o seguissem.

Um exemplo da credibilidade de Jesus pode ser visto em João 1:46, quando Natanael, um dos primeiros discípulos de Jesus, pergunta a Filipe se algo bom pode vir de Nazaré. Filipe responde que ele deve vir e ver por si mesmo. Quando Jesus vê Natanael, ele o elogia por sua honestidade, dizendo: "Aqui está um verdadeiro israelita em quem não há falsidade". Essa declaração de Jesus foi poderosa, pois ele reconheceu a honestidade de Natanael, o que o fez sentir que Jesus o conhecia e o compreendia.

A credibilidade de Jesus também é vista em sua capacidade de curar os doentes. As pessoas acreditavam em Jesus e na sua capacidade de curá-los, o que o tornou uma figura poderosa e respeitada. Em Mateus 8:16-17, lemos: "Ao entardecer, trouxeram a Jesus muitas pessoas endemoninhadas, e ele expulsou os espíritos com uma palavra e curou todos os doentes. Isso aconteceu para que se cumprisse o que fora dito pelo profeta Isaías: 'Ele tomou sobre si as nossas enfermidades e sobre si levou as nossas doenças'".

Além de suas curas, Jesus também possuía credibilidade porque suas palavras eram verdadeiras. Ele pregava sobre o amor de Deus, a importância de seguir seus mandamentos e a necessidade de arrependimento e perdão. Ele não prometia uma vida fácil, mas sim uma vida plena de significado e propósito. Suas palavras eram sinceras e as pessoas acreditavam nelas porque ele vivia de acordo com seus ensinamentos.

A aplicação disso para a vida dos líderes atuais é clara. Se um líder quer ser bem-sucedido, ele ou ela precisa possuir credibilidade junto às pessoas. Isso significa que precisa viver de acordo com seus valores e crenças, ser honesto em suas ações e palavras, e ter a coragem de admitir quando está errado.

Também precisa ser consistente em sua abordagem e mostrar respeito e compaixão com aqueles que estão sob sua liderança.

Um líder que possui credibilidade tem a capacidade de inspirar e motivar as pessoas a trabalharem em prol de um objetivo comum.

REFERÊNCIA BÍBLICA: JOÃO 2.1-11

No terceiro dia, houve um casamento em Caná da Galileia. A mãe de Jesus estava ali;

Jesus e seus discípulos também haviam sido convidados para o casamento.

Tendo acabado o vinho, a mãe de Jesus lhe disse: "Eles não têm mais vinho".

Respondeu Jesus: "Que temos nós em comum, mulher? A minha hora ainda não chegou".

Sua mãe disse aos serviçais: "Façam tudo o que ele lhes mandar".

Ali perto havia seis potes de pedra, do tipo usado pelos judeus para as purificações cerimoniais; em cada pote cabia entre oitenta e cento e vinte litros.

Disse Jesus aos serviçais: "Encham os potes com água". E os encheram até à borda.

Então lhes disse: "Agora, levem um pouco do vinho ao encarregado da festa". Eles assim o fizeram, e o encarregado da festa provou a água que fora transformada em vinho, sem saber de onde este viera, embora o soubessem os serviçais que haviam tira-

do a água. Então chamou o noivo e disse: "Todos servem primeiro o melhor vinho e, depois que os convidados já beberam bastante, o vinho inferior é servido; mas você guardou o melhor até agora".

Este sinal miraculoso, em Caná da Galileia, foi o primeiro que Jesus realizou. Revelou assim a sua glória, e os seus discípulos creram nele.

33 SABER O SEU PAPEL

Quando Jesus veio à Terra, Ele já sabia que seu tempo aqui seria curto, e Ele sabia qual era o propósito da sua vinda.

Jesus ficou 33 anos na Terra, e neste tempo aqui Ele pregou o evangelho, mostrou como devemos servir aos outros, como devemos nos comportar, e fez discípulos para que continuassem pregando o seu evangelho após a sua partida. Ele foi e é o maior modelo que poderíamos seguir.

PÍLULA:
TENHA CONSCIÊNCIA DE SUA IMPORTÂNCIA E SEJA CAPAZ DE DECLARAR PARA O QUE VEIO, SERVINDO DE MODELO PARA OUTROS.

Saber o seu papel é fundamental para a vida de qualquer pessoa, especialmente para aqueles que ocupam posições de liderança. Jesus Cristo, como líder espiritual, soube muito bem qual era o seu papel e cumpriu de forma exemplar, deixando um legado que até hoje inspira e transforma a vida de milhões de pessoas em todo o mundo.

Na Bíblia, Jesus é retratado como o Filho de Deus, enviado à Terra para cumprir uma missão divina. Desde cedo, ele sabia que tinha um papel a desempenhar e se dedicou a isso com toda a sua força e energia. Ele sabia que deveria espalhar a mensagem de amor, paz e salvação, e o fez de forma incansável, mesmo enfrentando oposição e perseguição.

Ao longo de sua vida, Jesus enfrentou muitos desafios e situações difíceis, mas nunca perdeu o foco de sua missão. Ele sabia que sua identidade era de um líder espiritual e agia de acordo com isso. Ele não se deixou influenciar pelos interesses políticos ou econômicos de seu tempo, mas sempre manteve a sua mensagem de amor e compaixão.

Além disso, Jesus sabia que, para cumprir o seu papel, ele precisava saber se comunicar com as pessoas e entender suas necessidades. Ele usava parábolas e metáforas para transmitir seus ensinamentos de forma clara e simples, adaptando-se ao público ao qual se dirigia. Ele também sabia que precisava formar uma equipe de seguidores que compartilhassem da sua visão e se dedicassem à mesma missão.

Atualmente, a importância de saber o seu papel se aplica a todas as esferas da vida, especialmente no mundo dos negócios e da liderança. Os líderes precisam saber qual é a sua função e qual é a missão da empresa ou organização que lideram. Eles precisam estar alinhados com os valores e objetivos da empresa e transmitir isso de forma clara e consistente para seus funcionários e clientes.

Além disso, é importante que os líderes saibam se comunicar de forma clara e eficaz, tanto com seus funcionários quanto com seus clientes e parceiros de negócios. Eles precisam entender as necessidades de seus *stakeholders* e adaptar suas mensagens de acordo com o público ao qual se dirigem.

Assim como Jesus, os líderes precisam ter uma visão clara de seu papel e missão e agir de acordo com ela. Eles precisam estar dispostos a enfrentar desafios e situações difíceis, mas nunca perder o foco da missão. Eles também precisam ser autênticos e manter sua identidade, sem se deixar influenciar por interesses pessoais ou políticos.

Por fim, os líderes precisam saber formar uma equipe de colaboradores que compartilhem da mesma visão e se dediquem à mesma missão. Eles precisam saber identificar as habilidades e competências de cada pessoa e delegar tarefas de acordo com isso. Eles também precisam estar dispostos a ouvir *feedbacks* e sugestões de seus colaboradores, para que, juntos, possam alcançar os objetivos da empresa ou organização.

REFERÊNCIA BÍBLICA: JOÃO 3.13-18

Ninguém jamais subiu ao céu, a não ser aquele que veio do céu: o Filho do homem.

Da mesma forma como Moisés levantou a serpente no deserto, assim também é necessário que o Filho do homem seja levantado, para que todo o que nele crer tenha a vida eterna.

"Porque Deus tanto amou o mundo que deu o seu Filho Unigênito, para que todo o que nele crer não pereça, mas tenha a vida eterna.

Pois Deus enviou o seu Filho ao mundo, não para condenar o mundo, mas para que este fosse salvo por meio dele.

Quem nele crê não é condenado, mas quem não crê já está condenado, por não crer no nome do Filho Unigênito de Deus".

34 SER OBJETIVO

"Certa mulher, que fazia 12 anos que estava com uma hemorragia, veio por trás de Jesus e tocou na barra da capa dele. Pois ela pensava assim: se eu apenas tocar na capa dele, ficarei curada. Jesus virou, viu a mulher e disse: 'Coragem, minha filha! Você sarou porque teve fé'. E naquele momento a mulher ficou curada" (Mateus 9:20-22).

A mulher do fluxo de sangue poderia ter esperado algum outro momento para encontrar com Jesus, poderia ter programado contar toda a sua história, mas ela sabia que ela precisava ser objetiva, e aproveitar aquele momento que Jesus passava pela multidão. Muitas vezes ficamos pensando várias alternativas e maneiras de falar o que precisamos, quando a única coisa que Deus nos pede é que sejamos sinceros e objetivos, Ele já conhece nosso interior.

**PÍLULA:
TENHA A CAPACIDADE DE SINTETIZAR
UMA MENSAGEM PRINCIPAL E COMPLEXA,
DE FORMA A SE TORNAR MAIS SIGNIFICATIVA,
BREVE, SIMPLES E FÁCIL DE SER LEMBRADA.**

Ser objetivo é uma habilidade fundamental na tomada de decisões, liderança e comunicação efetiva. A habilidade de ser direto e claro ao expressar pensamentos, ideias e objetivos é um traço que ajuda a construir credibilidade, estabelecer confiança e alcançar resultados.

A Bíblia descreve Jesus Cristo como um líder extremamente objetivo. Ele era direto em suas comunicações, não tinha medo de tomar decisões difíceis e sempre tinha um plano claro em mente. Seu objetivo final era trazer salvação para a humanidade, e ele sabia exatamente o que precisava ser feito para alcançar esse objetivo.

Quando Jesus começou seu ministério, ele tinha uma clareza de propósito que surpreendia as pessoas. Ele sabia que tinha vindo para cumprir a vontade do Pai e se dedicou inteiramente a isso. Ele foi muito objetivo em sua abordagem para pregar a mensagem de amor e salvação para as pessoas e fez isso de forma tão clara e convincente que muitos o seguiram.

A objetividade de Jesus era evidente em sua liderança também. Ele não hesitou em chamar os discípulos para o seu chamado e estabeleceu expectativas claras para eles. Ele sempre foi direto ao corrigir seus erros e incentivá-los a se esforçar mais. Ele sabia exatamente qual era o seu papel e cumpriu-o com perfeição.

O exemplo de Jesus é uma lição para os líderes de hoje. A objetividade é uma habilidade que pode ser cultivada e desenvolvida. Ser claro e direto em nossas comunicações ajuda a evitar mal-entendidos e a tomar decisões informadas. Ser objetivo também ajuda a manter o foco em nossos objetivos e a trabalhar de forma eficaz para alcançá-los.

No entanto, a objetividade pode ser mal interpretada se não estiver combinada com empatia. Ser objetivo não significa ser insensível ou desconsiderar as emoções das pessoas. Um líder eficaz deve ser capaz de equilibrar a objetividade com a sensibilidade e a empatia, para que as pessoas possam confiar nele e sentir que são ouvidas e compreendidas.

Além disso, é importante lembrar que a objetividade não é um fim em si mesma. É uma habilidade valiosa que pode nos ajudar a alcançar nossos objetivos, mas não deve ser usada para minar a importância de valores como a ética e a integridade. Como líderes, devemos manter um equilíbrio entre sermos objetivos e sermos fiéis aos nossos princípios e valores.

Em resumo, a objetividade é uma habilidade crucial para a liderança eficaz. Jesus Cristo é um exemplo perfeito de um líder objetivo que sabia claramente qual era o seu papel e cumpriu-o com excelência. Os líderes de hoje podem aprender muito com o exemplo de Jesus, e devem trabalhar para desenvolver essa habilidade em si mesmos, equilibrando-a com empatia e integridade.

REFERÊNCIA BÍBLICA: JOÃO 3.16

Porque Deus tanto amou o mundo que deu o seu Filho Unigênito, para que todo o que nele crer não pereça, mas tenha vida eterna.

35 TER INICIATIVA

Quando paramos para falar sobre iniciativa em um mundo onde o imediatismo é primordial, chega a ser controverso, pois vivemos dias em que o pensamento rápido, a atitude ousada, informação rápida são essenciais. Por outro lado, nesse mesmo cenário, existem aqueles que procrastinam as intervenções necessárias.

Se procurarmos na Bíblia, encontramos a parábola do bom samaritano, em que Jesus descreve a bondade e a iniciativa daquele homem.

De maneira resumida, a história nos conta que ali havia um homem comum, pertencente a uma etnia discriminada, que decide parar e ajudar um judeu que estava ferido. Enfaixou suas feridas, o carregou até um local em que ele pudesse se recuperar, tendo conforto, o que comer e beber. Esse homem tomou iniciativa e fez o que precisava ser feito.

Afinal, o que é tomar iniciativa? Podemos definir como uma característica, uma qualidade que leva as pessoas a fazer o que é necessário ser feito, sem que seja preciso alguém pedir, ou dizer como fazer.

O bonito da iniciativa é que ela está diretamente ligada ao caráter e ao desenvolvimento da missão de todo cristão. Pense, sem iniciativa o evangelho não será propagado pelo mundo, sem iniciativa os perdidos não poderão ser achados, vidas não serão tocadas. Portanto, pare de procrastinar, pratique a iniciativa, ou melhor, seja um multiplicador de iniciativa.

PÍLULA:
ESTABELEÇA CONTATO E CRIE LAÇOS, OUVINDO E DEIXANDO OS OUTROS FALAREM, DESPERTANDO O INTERESSE EM ALGO MAIS SIGNIFICATIVO.

A iniciativa é a capacidade de começar algo de forma proativa, sem ser solicitado ou forçado a fazê-lo. É uma habilidade importante para os líderes, que precisam ser proativos e estar sempre procurando maneiras de melhorar e avançar em sua área de atuação. Na história de Jesus Cristo, descrita na Bíblia, podemos encontrar várias lições sobre a importância da iniciativa.

Jesus era um líder que sempre tomava a iniciativa. Ele não esperava que as coisas acontecessem por si só, mas sempre procurava maneiras de mudar o *status quo* e melhorar a vida das pessoas ao seu redor. Um exemplo claro disso é quando ele iniciou seu ministério, saindo da sua cidade natal e pregando o evangelho para multidões de pessoas em todo o país. Ele também tomou a iniciativa de chamar seus discípulos para segui-lo e os ensinar a serem líderes também.

Outro exemplo é quando Jesus curou os enfermos e alimentou as multidões. Ele não esperou que as pessoas lhe pedissem ajuda, mas sempre procurou ativamente aqueles que precisavam de cura e alimentação, mostrando compaixão e preocupação com as necessidades dos outros. Ele também tomou a iniciativa de perdoar os pecados das pessoas, em vez de simplesmente condená-las.

Na vida dos líderes atuais, a iniciativa é uma habilidade valiosa. Os líderes que tomam a iniciativa são os que têm sucesso em suas carreiras e são capazes de motivar suas equipes a alcançar metas mais altas. Um líder que toma a iniciativa demonstra liderança, criatividade e pensamento estratégico, além de inspirar outros a seguirem seus passos.

Um líder que toma a iniciativa é capaz de identificar oportunidades de crescimento e expansão, além de resolver problemas antes mesmo que eles se tornem grandes obstáculos. Ele é proativo, sempre procurando maneiras de melhorar a si mesmo e sua equipe, e é capaz de tomar decisões importantes rapidamente, sem perder tempo.

No entanto, a iniciativa também requer coragem. Muitas vezes, os líderes precisam assumir riscos e tomar decisões difíceis. Jesus enfrentou muitos desafios durante seu ministério, mas nunca perdeu a coragem de tomar a iniciativa e agir com determinação.

Em resumo, a iniciativa é uma habilidade importante para os líderes, que devem estar sempre procurando maneiras de melhorar e avançar em suas áreas de atuação. A história de Jesus Cristo nos ensina que a iniciativa é uma qualidade essencial para a liderança, mostrando que um líder proativo, corajoso e comprometido pode fazer a diferença em sua comunidade e em sua carreira. Portanto, é importante que os líderes atuais saibam aproveitar as lições desta história e usem a iniciativa em suas vidas e equipes, para alcançar sucesso e crescimento contínuos.

REFERÊNCIA BÍBLICA: JOÃO 4.7-15

Nisso veio uma mulher samaritana tirar água. Disse-lhe Jesus: "Dê-me um pouco de água" (os seus discípulos tinham ido à cidade comprar comida).

A mulher samaritana lhe perguntou: "Como o senhor, sendo judeu, pede a mim, uma samaritana, água para beber?" (pois os judeus não se dão bem com os samaritanos). Jesus lhe respondeu: "Se você conhecesse o dom de Deus e quem lhe está pedindo água, você lhe teria pedido e ele lhe teria dado água viva".

Disse a mulher: "O senhor não tem com que tirar a água, e o poço é fundo. Onde pode conseguir essa água-viva?

Acaso o senhor é maior do que o nosso pai Jacó, que nos deu o poço, do qual ele mesmo bebeu, bem como seus filhos e seu gado?"

Jesus respondeu: "Quem beber desta água terá sede outra vez, mas quem beber da água que eu lhe der nunca mais terá sede. Pelo contrário, a água que eu lhe der se tornará nele uma fonte de água a jorrar para a vida eterna".

A mulher lhe disse: "Senhor, dê-me dessa água, para que eu não tenha mais sede, nem precise voltar aqui para tirar água".

36 NÃO JULGAR

Jesus Cristo é amplamente conhecido por seu amor e compaixão pelos outros. Ele era alguém que ensinava as pessoas a amar e respeitar umas às outras, sem julgamento ou preconceito. Em seus ensinamentos, Jesus deixou claro que não cabe a nós julgar as outras pessoas, pois não temos conhecimento completo e não somos perfeitos. Em vez disso, ele ensinou a importância de amar os outros como a si mesmo e tratar os outros com respeito e compaixão.

**PÍLULA:
NÃO SE DEVE JULGAR OS OUTROS, PRINCIPALMENTE SEM ANTES JULGAR A SI MESMO, POIS ISSO O FARÁ OLHAR DE UMA FORMA MELHOR PARA AS PESSOAS.**

A importância de não julgar é uma lição fundamental que podemos aprender com a vida de Jesus Cristo. Na Bíblia, encontramos diversas passagens em que Jesus ensina seus seguidores a não julgarem os outros. Um dos exemplos mais conhecidos é encontrado em Mateus 7:1-5, em que Jesus diz: "Não julgueis, para que não sejais julgados. Pois com o critério com que julgardes, sereis julgados; e com a medida que usardes para medir a outros, igualmente medirão a vós".

Jesus nos ensina que o julgamento pode ser prejudicial não apenas para a pessoa que está sendo julgada, mas também para aquele que está julgando. Quando julgamos alguém, muitas vezes não conhecemos a sua história ou as suas circunstâncias, e podemos estar sendo injustos em nossa avaliação. Além disso, o ato de julgar pode nos tornar arrogantes e hipócritas, impedindo-nos de ver nossos próprios defeitos.

Em vez de julgar, Jesus nos ensina a amar e servir uns aos outros. Devemos tratar as pessoas com compaixão e respeito, independentemente de suas escolhas ou comportamentos. Devemos estar dispostos a ouvir suas histórias e ajudá-las, sem pré-julgamentos ou preconceitos.

A aplicação desta lição para os líderes atuais é extremamente relevante, especialmente em um mundo onde o julgamento e a crítica são tão comuns. Como líderes, é importante lembrar que todos têm as próprias lutas e desafios, e que devemos ser compassivos e compreensivos com aqueles que lideramos. Devemos nos esforçar para entender suas perspectivas e necessidades, oferecer-lhes apoio e encorajamento, em vez de julgamento e condenação.

Os líderes que não julgam são mais propensos a terem uma equipe coesa e engajada, já que as pessoas são mais propensas a confiar em um líder que as respeita e as trata com compaixão. Além disso, os líderes que não julgam têm mais probabilidade de estabelecer uma cultura de inclusão e diversidade, em que todos se sintam valorizados e aceitos.

Em resumo, a importância de não julgar é uma lição que todos podem aprender com a vida de Jesus Cristo. Devemos nos esforçar para tratar as pessoas com amor e compaixão, independentemente de suas escolhas ou comportamentos. Isso não só é importante para o bem-estar dos outros, mas também para o nosso próprio bem-estar como líderes. Ao deixar de lado o julgamento e abraçar a compaixão, podemos construir equipes mais fortes e uma cultura mais inclusiva e positiva.

REFERÊNCIA BÍBLICA: LUCAS 6: 41-42

"Por que você repara no cisco que está no olho do seu irmão e não se dá conta da viga que está em seu próprio olho?

Como você pode dizer ao seu irmão: 'Irmão, deixe-me tirar o cisco do seu olho', se você mesmo não consegue ver a viga que está em seu próprio olho? Hipócrita, tire primeiro a viga do seu olho, e então você verá claramente para tirar o cisco do olho do seu irmão".

37 ESTAR PRONTO A AJUDAR

As escrituras nos dizem que ajudar o próximo faz parte da vida de um crente, inclusive é uma parte muito importante, afinal ajudar ao próximo é expressar o amor de Deus por nós. Jesus nos disse que o segundo maior mandamento depois de amar a Deus acima de todas as coisas é amar ao próximo como a si mesmo (Mateus 22:37-39). Se não ajudamos o próximo, não o amamos de verdade. Existem diversas maneiras de ajudar nosso próximo, seja suprindo necessidades, seja simplesmente dando amor, ouvindo, sendo amigo, como também aconselhando, defendendo, ajudando com tarefas.

Existem diferentes formas de ajudar o próximo, o importante é: esteja pronto para ajudar!

PÍLULA:
NÃO HESITE EM PEDIR O QUE NECESSITA A ALGUÉM, SEJA ALGO FÍSICO OU UMA AJUDA. MAS, PRIMEIRAMENTE, ESTEJA SEMPRE PRONTO A DAR, POIS DEVE-SE FAZER AOS OUTROS DA MESMA FORMA QUE SE QUER RECEBER.

A história de Jesus Cristo é repleta de exemplos de como Ele sempre esteve pronto para ajudar as pessoas ao seu redor. Desde curar os doentes até alimentar as multidões, Jesus sempre mostrou uma disposição de ajudar aqueles que precisavam. Essa característica de estar pronto a ajudar é algo extremamente importante para os líderes atuais, pois um líder eficaz não só conduz, mas também ajuda e apoia aqueles que estão sob sua liderança.

Jesus foi um exemplo de como estar pronto a ajudar pode fazer a diferença na vida das pessoas. Em Mateus 8:2-3, lemos sobre um leproso que se aproximou de Jesus pedindo ajuda: "E eis que veio um leproso e o adorou, dizendo: Senhor, se quiseres, podes tornar-me limpo. E Jesus, estendendo a mão, tocou-o, dizendo: Quero, fica limpo. E imediatamente ficou limpo da lepra". Esse exemplo ilustra a disposição de Jesus em ajudar aqueles que estavam em necessidade.

Da mesma forma, os líderes precisam estar prontos a ajudar aqueles que estão sob sua liderança. Isso não significa que o líder precise fazer tudo sozinho, mas sim que esteja disposto a orientar, apoiar e capacitar aqueles que precisam de ajuda. Um líder que se recusa a ajudar ou se mostra indiferente às necessidades dos seus liderados pode perder a confiança e a lealdade dos mesmos.

Ser pronto a ajudar também implica em estar atento às necessidades dos outros. Em João 6:5-6, Jesus viu que havia uma multidão de cinco mil homens que estavam com fome e não tinham nada para comer. Em vez de ignorar a situação, Jesus se compadeceu e decidiu ajudar. Ele tomou cinco pães e dois peixes e os multiplicou de tal maneira que foram suficientes para alimentar a multidão.

Os líderes precisam estar atentos às necessidades de seus liderados, tanto as físicas como as emocionais. Um líder que está sempre disponível para ouvir e ajudar seus liderados pode ser um grande catalisador para uma equipe motivada e produtiva.

Por fim, estar pronto a ajudar também requer habilidades e competências. Em Marcos 1:34, lemos sobre como Jesus curou muitos doentes e expulsou muitos demônios.

Isso mostra que Jesus tinha habilidades e competências que o permitiram ajudar aqueles que precisavam.

Da mesma forma, os líderes precisam desenvolver habilidades e competências para ajudar seus liderados de maneira efetiva. Isso pode envolver o desenvolvimento de habilidades interpessoais, liderança situacional e gestão de conflitos. Quanto mais habilidades e competências um líder possuir, mais eficaz ele será em ajudar seus liderados.

Em resumo, estar pronto a ajudar é uma característica fundamental para qualquer líder eficaz. A disposição de Jesus em ajudar aqueles que precisavam é um exemplo poderoso que os líderes podem seguir. Ao estar pronto a ajudar, um líder demonstra sua disposição em orientar, apoiar e capacitar aqueles que estão sob sua liderança.

REFERÊNCIA BÍBLICA: 1 JOÃO 3:18

"Filhinhos, não amemos de palavra, nem de língua, mas de fato e de verdade".

38 POSSUIR INTEGRIDADE E CONVICÇÃO

O maior exemplo que temos de um homem íntegro é Jesus Cristo. Após o seu batizado, Jesus foi para o deserto jejuar, onde passou 40 dias e 40 noites. Nesse período passado no deserto, Satanás com toda sua astúcia tentou Jesus de diferentes formas, tentando quebrar a sua integridade e corrompê-lo. Porém Jesus, sendo Deus em carne, nunca pecou. E essa é a maior definição de integridade e convicção, Jesus é o único que sempre foi sem defeito, perfeito, completamente honesto.

Nós, cristãos, somos chamados a sermos como Jesus, em Cristo somos nova criação, somos santificados.

Vivemos em um mundo onde os corruptos são favorecidos, lutamos diariamente contra nossa própria natureza pecaminosa, porém Jesus nunca disse que seria fácil.

PÍLULA:
TENHA FIRMEZA DE PROPÓSITO, CARÁTER E DISCERNIMENTO SOBRE O QUE É CERTO, TENDO SENSO DE JUSTIÇA PARA COM AS PESSOAS E SEUS ATOS.

A integridade e a convicção são valores essenciais para qualquer líder, e isso não foi diferente na vida de Jesus Cristo, que é um exemplo a ser seguido até hoje. A sua história é repleta de ensinamentos que demonstram a importância de possuir tais características para alcançar o sucesso em qualquer área da vida.

Ao longo de sua vida, Jesus enfrentou muitas situações difíceis e adversidades, mas sempre manteve a integridade e a convicção em suas palavras e ações. Ele nunca hesitou em fazer o que acreditava ser correto, mesmo que isso significasse ir contra as opiniões e práticas populares de sua época. Sua conduta íntegra e seus princípios inabaláveis o tornaram um líder respeitado e admirado por muitos, independentemente de sua posição social ou religião.

Um exemplo marcante da integridade de Jesus foi quando ele foi tentado por Satanás no deserto. Satanás ofereceu-lhe todos os reinos do mundo em troca de adoração, mas Jesus recusou a oferta, dizendo: "Retira-te Satanás! Pois está escrito: ao Senhor teu Deus adorarás, e só a Ele servirás" (Mateus 4:10). Essa passagem bíblica mostra que Jesus não se corrompeu em busca de poder e riquezas, mas permaneceu fiel a seus princípios e valores.

A convicção também foi uma característica marcante na vida de Jesus. Ele sempre soube o que queria e lutou por seus objetivos com determinação e coragem. Ele nunca se deixou abalar pelas críticas e resistência daqueles que não acreditavam nele ou que tentavam impedi-lo de realizar sua missão.

Um exemplo de sua convicção pode ser visto em sua entrada triunfal em Jerusalém, quando Jesus montou em um jumento em vez de um cavalo, como era esperado por muitos, demonstrando que seu objetivo não era conquistar o poder terreno, mas sim trazer uma mensagem de amor e salvação. Mesmo sabendo que sua vida estava em risco, Jesus continuou a ensinar e pregar sua mensagem de paz e amor até o fim, mostrando sua convicção em sua missão divina.

Para os líderes atuais, a integridade e a convicção são igualmente importantes. Possuir integridade significa ter um caráter sólido, honestidade e ética em suas ações, ser uma pessoa confiável e consistente em suas decisões e comportamentos. A convicção, por sua vez, significa ter uma visão clara de seus objetivos e estar disposto a lutar por eles, mesmo que isso signifique enfrentar desafios e obstáculos.

Os líderes que possuem integridade e convicção são capazes de inspirar e motivar suas equipes a trabalharem juntas em busca de objetivos comuns. Eles são capazes de tomar decisões difíceis, mas justas, e de manter uma conduta ética em todas as situações, mesmo quando isso não é fácil. Além disso, são líderes que inspiram confiança e respeito em suas equipes e em outras pessoas ao seu redor.

REFERÊNCIA BÍBLICA: LUCAS 6.46-49

"Por que vocês me chamam 'Senhor, Senhor' e não fazem o que eu digo?

Eu lhes mostrarei a que se compara aquele que vem a mim, ouve as minhas palavras e as pratica.

É como um homem que, ao construir uma casa, cavou fundo e colocou os alicerces na rocha. Quando veio a inundação, a torrente deu contra aquela casa, mas não a conseguiu abalar, porque estava bem construída.

Mas aquele que ouve as minhas palavras e não as pratica é como um homem que construiu uma casa sobre o chão, sem alicerces. No momento em que a torrente deu contra aquela casa, ela caiu, e a sua destruição foi completa".

39 TER AUTORIDADE

"Então, Jesus aproximou-se deles e disse: 'Foi-me dada toda a autoridade nos céus e na terra. Portanto, vão e façam discípulos de todas as nações, batizando-os em nome do Pai e do Filho e do Espírito Santo, ensinando-os a obedecer a tudo o que ordenei a vocês. E eu estarei sempre com vocês, até o fim dos tempos'" (Mateus 28:18-20).

A Bíblia nos ensina que todo crente tem autoridade espiritual que vem de Jesus, essa autoridade nos dá poder de fazer diferença no mundo. E assim devemos fazer.

Deus chama algumas pessoas a liderar. Essas pessoas têm autoridade espiritual sobre quem está debaixo dos seus cuidados, pois ensinarão, corrigirão, repreenderão e ajudarão a crescer. Isso é fundamental para manter a igreja unida, firme nos propósitos.

PÍLULA:
SEJA RECONHECIDO PELAS PESSOAS E NÃO PELA POSIÇÃO QUE OCUPA, MAS POR SEU DOMÍNIO SOBRE O ASSUNTO E SUA CAPACIDADE DE RESOLVER AS COISAS.

A autoridade é uma característica fundamental para a liderança efetiva. É o que dá credibilidade e influência para um líder, permitindo que ele exerça a sua função de forma mais eficaz. A história de Jesus Cristo, descrita na Bíblia, é um exemplo claro de como a autoridade pode ser usada para transformar vidas e liderar com excelência.

Jesus, desde o início de seu ministério, foi reconhecido como uma autoridade em questões espirituais e morais. Ele ensinava com autoridade, e seus discursos e ações demonstravam sua sabedoria e discernimento. Em Mateus 7:29, é dito que as pessoas ficavam admiradas com o ensino de Jesus, pois ele ensinava como alguém que tinha autoridade, e não como os escribas.

A autoridade de Jesus era baseada na sua conexão com Deus, e em sua verdadeira identidade como Filho de Deus. Ele não apenas afirmava essa autoridade, mas a demonstrava por meio de seus milagres, curas e ressurreições. Suas ações eram consistentes com suas palavras, e isso fortalecia ainda mais a sua autoridade.

Essa autoridade não se baseava em poder ou domínio, mas sim na capacidade de Jesus de entender as necessidades das pessoas e de agir em favor delas. Ele não se importava em se associar com aqueles que eram considerados marginalizados ou excluídos pela sociedade, pois ele via cada pessoa como valiosa e importante. Sua autoridade estava baseada em amor e compaixão, e não em dominação ou controle.

Na vida dos líderes atuais, a autoridade é igualmente importante. Os líderes precisam ser capazes de inspirar confiança em seus seguidores, e isso só pode ser alcançado pela construção de uma autoridade sólida e confiável. É importante que os líderes tenham uma visão clara e definida, e que suas ações estejam alinhadas com essa visão.

Além disso, os líderes precisam ser capazes de entender as necessidades e preocupações de suas equipes e agir em conformidade. Eles precisam ser capazes de construir relacionamentos fortes e saudáveis com suas equipes, demonstrando compaixão e empatia quando necessário. Um líder com autoridade não é alguém que é temido ou evitado, mas alguém que é respeitado e admirado.

Por outro lado, os líderes que tentam exercer autoridade com base no poder ou controle acabam por perder a confiança de seus seguidores. Quando um líder usa sua posição de poder para intimidar ou manipular os outros, ele acaba por minar sua própria autoridade e afetar negativamente sua capacidade de liderar efetivamente.

Em suma, a autoridade é uma característica essencial de liderança efetiva. A história de Jesus Cristo é um exemplo claro de como a autoridade pode ser usada para transformar vidas e liderar com excelência. A autoridade de Jesus era baseada em amor, compaixão e empatia, e não em poder ou controle. Os líderes atuais podem aprender muito com esse exemplo, construindo uma autoridade sólida e confiável, baseada em relacionamentos saudáveis e alinhada com uma visão clara e definida.

REFERÊNCIA BÍBLICA: MATEUS 7.28-29

Quando Jesus acabou de dizer essas coisas, as multidões estavam maravilhadas com o seu ensino, porque ele as ensinava como quem tem autoridade, e não como os mestres da lei.

40 TER COMPROMETIMENTO

A fé sem obras é vazia, não existe fé em Jesus sem compromisso com a obra de Deus. Quando pegamos as escrituras, vemos claramente que os cristãos entregavam suas vidas ao serviço do Reino. Hoje, muitos cristãos querem viver sua vida servindo as próprias vontades, dispensando os serviços e envolvimento com a igreja.

Quando analisamos a palavra, vejo que Deus chamou para si o povo, e nos ordenou que levássemos a mensagem da cruz para este mundo. Ou seja, Deus exige de nós o compromisso com a obra Dele, no serviço, na prática e na vivência daquilo que Jesus nos ensinou.

PÍLULA:
DEMONSTRE COMPROMISSO COM AS PESSOAS, INDEPENDENTEMENTE DAS CIRCUNSTÂNCIAS.

Ter comprometimento é uma qualidade essencial para qualquer líder de sucesso. A capacidade de comprometer-se com um objetivo ou visão é uma das características mais importantes que se pode ter na liderança. Na Bíblia, podemos encontrar exemplos de líderes comprometidos, como Moisés, que liderou o povo hebreu para fora do Egito, e Davi, que estabeleceu o reino unificado de Israel.

No entanto, nenhum líder na história foi tão comprometido quanto Jesus Cristo. Ele não apenas falou sobre suas crenças, mas as viveu, demonstrando um comprometimento inabalável com sua missão de redimir a humanidade. Sua vida é um exemplo inspirador de comprometimento, e os líderes atuais têm muito a aprender com ela.

Jesus Cristo comprometeu-se em sua missão de salvar a humanidade, mesmo sabendo que isso significava sofrimento e morte. Ele deixou claro que sua missão era pregar a mensagem de amor, justiça e redenção, e não descansou até que isso fosse realizado. Ele não se desviou de sua missão, apesar dos obstáculos e dificuldades que encontrou ao longo do caminho. Sua devoção à sua missão foi um exemplo claro de comprometimento.

Para os líderes atuais, o comprometimento pode ser um desafio, especialmente em um mundo cheio de distrações e mudanças constantes. No entanto, é essencial que os líderes sejam comprometidos com seus objetivos e visão. Isso envolve a capacidade de manter o foco, enfrentar desafios e permanecer fiel a seus princípios.

O comprometimento também implica responsabilidade. Os líderes precisam assumir a responsabilidade por suas ações e decisões, e isso envolve comprometer-se com os resultados desejados. Eles precisam estar dispostos a fazer o que é necessário para alcançar seus objetivos, e isso pode exigir sacrifício pessoal.

Além disso, o comprometimento envolve a criação de uma cultura de compromisso dentro da organização ou equipe. Isso significa que os líderes precisam incentivar e motivar sua equipe a se comprometer com os objetivos e a visão da organização. Eles precisam garantir que todos os membros da equipe estejam alinhados e comprometidos com a missão e os valores da organização.

Um dos principais benefícios de ter comprometimento é que isso cria confiança. Quando os líderes demonstram comprometimento com seus objetivos e visão, eles ganham a confiança de sua equipe e de outras partes interessadas. Isso pode ajudar a construir relacionamentos mais fortes e duradouros, e pode ajudar a aumentar a eficácia da organização.

Outro benefício do comprometimento é que ele pode levar a resultados excepcionais. Quando os líderes estão comprometidos com seus objetivos e visão, eles estão mais dispostos a trabalhar duro e a superar obstáculos. Isso pode levar a uma cultura de excelência, em que todos os membros da equipe se esforçam para alcançar o melhor desempenho possível.

REFERÊNCIA BÍBLICA: LUCAS 9.57-62

Quando andavam pelo caminho, um homem lhe disse: "Eu te seguirei por onde quer que fores".

Jesus respondeu: "As raposas têm suas tocas e as aves do céu têm seus ninhos, mas o Filho do homem não tem onde repousar a cabeça".

A outro disse: "Siga-me". Mas o homem respondeu: "Senhor, deixa-me ir primeiro sepultar meu pai".

Jesus lhe disse: "Deixe que os mortos sepultem os seus próprios mortos; você, porém, vá e proclame o Reino de Deus".

Ainda outro disse: "Vou seguir-te, Senhor, mas deixa-me primeiro voltar e me despedir da minha família".

Jesus respondeu: "Ninguém que põe a mão no arado e olha para trás é apto para o Reino de Deus".

41 SER PERSEVERANTE

Jesus Cristo nunca nos prometeu que os dias seriam fáceis, que não teríamos conflitos, tribulações, mas Ele nos disse: "Aquele que perseverar até o fim será salvo".

Por isso, não desistam, voltem seus olhos para Jesus, ajuste o foco no alvo, pois no momento certo alcançaremos os reinos dos céus.

**PÍLULA:
PARA OBTER O RESULTADO ESPERADO,
É PRECISO REALIZAR AS AÇÕES NECESSÁRIAS
E ACREDITAR NO OBJETIVO.**

A vida de Jesus Cristo é uma fonte de inspiração para muitos, especialmente quando se trata de perseverança. Ao longo de sua jornada, Jesus enfrentou muitos desafios, mas nunca desistiu de sua missão de ensinar e ajudar as pessoas. Essa perseverança é uma qualidade importante para todos os líderes, pois eles enfrentarão muitos obstáculos e dificuldades nas próprias jornadas. Neste texto, exploraremos a importância de ser perseverante, com base na história de Jesus Cristo descrita na Bíblia, e como essa qualidade pode ser aplicada à vida dos líderes atuais.

Jesus enfrentou muitos desafios durante sua vida, desde a perseguição de Herodes até a rejeição de seus próprios discípulos. Ele foi preso, torturado e crucificado. No entanto, em nenhum momento ele desistiu de sua missão. Ele perseverou por meio de todas as dificuldades e, no final, deixou um legado duradouro que ainda hoje é reverenciado por muitos. A perseverança de Jesus é um exemplo claro de como essa qualidade pode ajudar os líderes a superar seus próprios desafios.

Ser perseverante não significa apenas persistir em face de obstáculos e dificuldades. Também significa aprender com os fracassos e ser capaz de se adaptar às mudanças. Jesus foi um exemplo perfeito disso. Ele aprendeu com suas experiências, adaptando seus métodos e abordagens conforme o necessário para alcançar seus objetivos. Por exemplo, ele usou diferentes parábolas e histórias para alcançar diferentes públicos e adaptou sua mensagem às necessidades das pessoas que encontrou.

Outro aspecto importante da perseverança é a paciência. Jesus nunca tentou apressar as coisas ou tomar atalhos para alcançar seus objetivos. Ele trabalhou pacientemente, passo a passo, para construir seu legado e deixar sua marca no mundo. Ele também ensinou a importância da paciência para seus discípulos, enfatizando que tudo acontece no seu tempo certo e que a paciência é uma virtude importante.

Para os líderes atuais, a perseverança é uma qualidade igualmente importante. Como líder, você deve estar preparado para enfrentar muitos obstáculos e desafios ao longo do caminho. Você pode encontrar resistência de seus colegas, problemas financeiros, problemas de recursos e muito mais. A perseverança pode ajudá-lo a superar essas dificuldades e encontrar soluções criativas para os problemas que enfrenta.

Também é importante ser paciente e trabalhar com persistência para alcançar seus objetivos. Isso significa não esperar resultados imediatos, mas continuar trabalhando diligentemente em direção a seus objetivos. A perseverança também requer uma mentalidade positiva e uma disposição para aprender com os fracassos. Em vez de se desencorajar ou desistir, você deve procurar maneiras de melhorar e se adaptar às mudanças.

Por fim, é importante lembrar que a perseverança é uma qualidade que pode ser aprendida e aprimorada ao longo do tempo. Como qualquer outra habilidade, requer prática e dedicação. É importante manter a motivação alta, procurar ajuda e apoio quando necessário e continuar trabalhando duro para alcançar seus objetivos.

REFERÊNCIA BÍBLICA: MATEUS 10.22

Todos odiarão vocês por minha causa, mas aquele que perseverar até o fim será salvo.

42 TER UMA COMUNICAÇÃO EFETIVA

Muitas vezes, as pessoas têm discussões por não conseguirem se expressar da maneira correta. Se esperamos algo de nossos colaboradores, parceiros, devemos dizer a eles o que queremos de maneira objetiva.

Uma das habilidades mais impressionantes de Jesus foi a sua capacidade de se comunicar com clareza e eficácia. Ele usou histórias e parábolas simples para transmitir mensagens complexas, alcançando tanto as pessoas mais humildes como as mais instruídas. Ele sabia que as histórias eram uma forma poderosa de transmitir ideias, e ele as usava de forma magistral para explicar conceitos espirituais e éticos em termos acessíveis.

As palavras têm um grande poder, que podem ser usadas para o bem como para o mal, portanto, seja claro na mensagem que deseja passar. Lembre-se: as palavras têm poder.

PÍLULA:
LÍDERES NÃO DEVEM ESQUECER JAMAIS DO PODER QUE SUAS PALAVRAS TÊM! É IMPORTANTE SEMPRE SIMPLIFICAR A MENSAGEM, TORNANDO-A CLARA E OBJETIVA.

A comunicação é uma habilidade fundamental para o sucesso em todas as áreas da vida, especialmente para os líderes. E a história de Jesus Cristo, descrita na Bíblia, é um exemplo marcante de como uma comunicação efetiva pode transformar vidas e mudar o mundo.

Jesus foi um mestre da comunicação. Ele sabia como se comunicar com diferentes tipos de pessoas, usando exemplos e parábolas para ilustrar suas mensagens e tocar os corações das pessoas. Ele também foi um ouvinte compassivo, capaz de entender as necessidades e preocupações das pessoas e responder de maneira apropriada.

A comunicação efetiva de Jesus é evidente em seus ensinamentos e ações. Ele usou metáforas e parábolas para transmitir mensagens complexas de maneira simples e fácil de entender. Por exemplo, ele contou a história do bom samaritano para ensinar a importância de amar o próximo como a si mesmo. Ele também usou analogias para ilustrar o reino de Deus, como a semente que cresce em diferentes tipos de solo.

Além disso, Jesus sabia quando usar diferentes tipos de comunicação. Ele usou um tom gentil e compassivo quando falava com pessoas que estavam passando por dificuldades e precisavam de encorajamento. Por outro lado, ele usou uma voz firme e direta para confrontar os fariseus e seus ensinamentos errôneos.

A comunicação de Jesus também era autêntica e coerente com suas ações. Ele pregou o amor e a compaixão, mas também viveu esses valores em sua vida cotidiana. Ele curou os doentes, ajudou os pobres e perdoou àqueles que o ofenderam, demonstrando que suas palavras estavam em linha com suas ações.

A comunicação efetiva de Jesus não se limitou apenas a palavras, mas também incluiu gestos e expressões faciais. Ele usou o toque para curar os doentes e mostrar compaixão. Ele também usou expressões faciais para mostrar sua tristeza e empatia quando soube da morte de seu amigo Lázaro.

A aplicação disso para a vida dos líderes atuais é clara. Uma comunicação efetiva é vital para o sucesso de qualquer líder. Os líderes precisam ser capazes de se comunicar com clareza e concisão, usando exemplos e parábolas para ilustrar suas mensagens. Eles também precisam ser ouvintes compassivos, capazes de entender as necessidades e preocupações de suas equipes e responder de maneira apropriada.

Os líderes também precisam ser autênticos e coerentes em suas comunicações, certificando-se de que suas palavras estão em linha com suas ações. Eles precisam ser capazes de mostrar empatia e compaixão, ao mesmo tempo que demonstram autoridade e firmeza quando necessário.

Os líderes também precisam estar cientes de quando usar diferentes tipos de comunicação. Eles precisam ser capazes de adaptar seu tom e estilo de comunicação de acordo com a situação e as pessoas com quem estão se comunicando.

Em resumo, a comunicação efetiva é uma habilidade essencial para qualquer líder bem-sucedido.

REFERÊNCIA BÍBLICA: MATEUS 12.33-37

"Considerem: uma árvore boa dá bom fruto; uma árvore ruim dá fruto ruim, pois uma árvore é conhecida por seu fruto.

Raça de víboras, como podem vocês, que são maus, dizer coisas boas? Pois a boca fala do que está cheio o coração.

O homem bom, do seu bom tesouro, tira coisas boas, e o homem mau, do seu mau tesouro, tira coisas más.

Mas eu lhes digo que, no dia do juízo, os homens haverão de dar conta de toda palavra inútil que tiverem falado.

Pois por suas palavras você será absolvido, e por suas palavras será condenado".

43 CONHECER O PÚBLICO

Precisamos conhecer as pessoas que estão diretamente ligadas a nós, seja no trabalho, na escola, em casa, nossos clientes, e devemos observar as diferenças entre os grupos e saber extrair o que cada um oferece de melhor, e claro, adequar nossa conduta, maneira de falar de acordo com cada público.

Jesus, como um líder carismático e eficaz, sabia a importância de conhecer o seu público. Ele entendia as necessidades e os desejos das pessoas com quem interagia, e adaptava sua mensagem de acordo com a audiência. Na verdade, essa habilidade é um dos principais motivos pelos quais Jesus é considerado um dos maiores comunicadores da história.

"O seu falar seja sempre agradável e temperado com sal, para que saibam como responder a cada um" (Colossenses 4:6).

PÍLULA:
ISSO SE FAZ AO CONHECER O PÚBLICO E SUAS NECESSIDADES, APROVEITANDO AS OPORTUNIDADES EM QUE A RECEPTIVIDADE SEJA MELHOR E GARANTINDO QUE TODOS ENTENDAM O QUE FOI TRANSMITIDO.

Conhecer o público é um aspecto crucial para qualquer líder que deseja alcançar sucesso em sua missão. Essa habilidade envolve entender as necessidades, desejos, comportamentos e expectativas daqueles que são atendidos. A habilidade de Jesus em conhecer seu público é um exemplo a ser seguido pelos líderes atuais.

Na Bíblia, podemos ver que Jesus entendia bem as pessoas com as quais ele interagia. Ele sabia como falar com cada pessoa de maneira que ela pudesse compreender e se conectar com ele. Por exemplo, quando Jesus pregava para os fariseus, ele usava uma linguagem diferente daquela que ele usaria com as pessoas comuns. Ele usava exemplos e parábolas que eram relevantes para o público que estava diante dele. Isso permitiu que ele fosse bem-sucedido em seus esforços de ensinar e ajudar as pessoas a compreender sua mensagem.

A habilidade de Jesus em conhecer seu público também se refletia em sua capacidade de se adaptar a diferentes situações. Por exemplo, quando Jesus foi apresentado à mulher samaritana no poço, ele percebeu que ela estava em uma situação vulnerável e precisava de ajuda. Ele não a julgou por suas escolhas e circunstâncias, mas, em vez disso, Ele gentilmente ofereceu a ela a água-viva, que é a salvação que Ele trazia.

A habilidade de Jesus em conhecer o público é algo que os líderes atuais precisam adotar em suas vidas. Eles precisam entender que as pessoas que lideram são diferentes e têm necessidades diferentes. Eles precisam ser capazes de falar a linguagem de seus liderados e adaptar suas mensagens para que sejam compreensíveis para todos.

Além disso, os líderes precisam ter a habilidade de perceber quando seus liderados estão em situações vulneráveis e precisam de ajuda. Eles devem ser sensíveis às necessidades de seus liderados e estar prontos a agir com compaixão e sabedoria para ajudá-los a superar suas dificuldades.

Outro ponto importante a ser destacado é a importância de ouvir o público. Jesus foi um ouvinte atento e sensível às necessidades das pessoas. Ele ouvia o que as pessoas tinham a dizer e usava essa informação para adaptar sua mensagem e ensinamentos.

Da mesma forma, os líderes atuais precisam ser ouvintes atentos e sensíveis às necessidades de seus liderados. Eles devem estar dispostos a ouvir o que seus liderados têm a dizer e usar essa informação para melhorar sua liderança e tomar decisões mais informadas.

Em resumo, a habilidade de conhecer o público é essencial para a liderança eficaz. Jesus Cristo é um exemplo inspirador de como essa habilidade pode ser utilizada com sabedoria e compaixão. Os líderes atuais devem adotar essa habilidade em suas vidas, adaptando-se às necessidades de seus liderados, sendo sensíveis às suas dificuldades e ouvindo atentamente suas vozes. Isso ajudará a construir uma liderança mais eficaz e compassiva.

REFERÊNCIA BÍBLICA: LUCAS 6.43-45

"Nenhuma árvore boa dá fruto ruim, nenhuma árvore ruim dá fruto bom.

Toda árvore é reconhecida por seus frutos. Ninguém colhe figos de espinheiros, nem uvas de ervas daninhas.

O homem bom tira coisas boas do bom tesouro que está em seu coração, e o homem mau tira coisas más do mal que está em seu coração, porque a sua boca fala do que está cheio o coração".

44 SER PRESTATIVO

Se pararmos para analisar as escrituras, o maior exemplo de uma pessoa prestativa foi o próprio Jesus Cristo. Em João 13:3-10, podemos observar que Jesus se despiu da posição de líder e se tornou servo, Ele lavou os pés dos discípulos. Em diversas passagens da Bíblia, vemos Jesus demonstrando humildade, e seu jeito de servir aos outros. Com isso, aprendemos que devemos ser motivados a servir aos nossos irmãos, termos iniciativa, desenvolver confiança, amar ao outro acima de nós mesmos.

**PÍLULA:
DEMONSTRE PREOCUPAÇÃO COM OS OUTROS,
TENHA COMPAIXÃO DELES AO COLOCÁ-LOS EM PRIMEIRO LUGAR.
NÃO POR OBRIGAÇÃO, MAS POR AMOR AO PRÓXIMO.**

Ser prestativo é uma virtude que se destaca nas atitudes de Jesus Cristo durante seu ministério na Terra, descrito na Bíblia. Ele sempre se mostrou disponível para ajudar e servir a todos que o procuravam, independentemente de quem fossem ou de suas condições. Essa postura de prestatividade tem um valor inestimável para a liderança, pois mostra a disposição de colocar o bem-estar e as necessidades dos outros em primeiro lugar.

Um exemplo marcante da prestatividade de Jesus pode ser encontrado no evangelho de João, quando ele lava os pés dos seus discípulos na última ceia. Naquela época, essa era uma tarefa considerada inferior e realizada apenas pelos servos. No entanto, Jesus, que era o líder e mestre daquele grupo, se coloca na posição de servo e realiza essa tarefa para demonstrar humildade e amor pelos seus discípulos. Essa atitude mostra a importância de estar sempre pronto a servir, independentemente do que isso possa parecer para os outros.

Ser prestativo também é uma qualidade fundamental para a construção de relacionamentos saudáveis e duradouros. Jesus frequentemente se preocupava com as necessidades físicas e emocionais das pessoas que encontrava, e buscava ajudá-las de todas as maneiras possíveis. Seja curando os doentes, alimentando as multidões famintas ou simplesmente ouvindo as preocupações das pessoas, ele mostrou que a prestatividade é essencial para criar laços de confiança e empatia com aqueles a quem lidera.

Para os líderes atuais, a prestatividade pode ser vista como uma forma de demonstrar liderança servidora, colocando as necessidades e o bem-estar dos liderados acima dos seus próprios interesses. Isso pode se manifestar de diversas maneiras, como ouvir com atenção as preocupações e sugestões da equipe, oferecer suporte em momentos difíceis e estar disponível para ajudar sempre que necessário.

No entanto, é importante ressaltar que a prestatividade deve ser equilibrada com a assertividade e o cuidado com o próprio bem-estar. Ser prestativo não significa se submeter a todas as demandas dos outros ou se colocar em situações que comprometam a própria saúde física ou emocional. É necessário estabelecer limites saudáveis e comunicá-los de forma clara e respeitosa para que a prestatividade não se torne uma fonte de esgotamento ou ressentimento.

REFERÊNCIA BÍBLICA: JOÃO 13:3-10

Jesus sabia que o Pai havia colocado todas as coisas debaixo do seu poder, e que viera de Deus e estava voltando para Deus; assim, levantou-se da mesa, tirou sua capa e colocou uma toalha em volta da cintura.

Depois disso, derramou água numa bacia e começou a lavar os pés dos seus discípulos, enxugando-os com a toalha que estava em sua cintura.

Chegou-se a Simão Pedro, que lhe disse: "Senhor, vais lavar os meus pés?".

Respondeu Jesus: "Você não compreende agora o que estou lhe fazendo; mais tarde, porém, entenderá".

Disse Pedro: "Não; nunca lavarás os meus pés". Jesus respondeu: "Se eu não os lavar, você não terá parte comigo".

Respondeu Simão Pedro: "Então, Senhor, não apenas os meus pés, mas também as minhas mãos e a minha cabeça!".

Respondeu Jesus: "Quem já se banhou precisa apenas lavar os pés; todo o seu corpo está limpo. Vocês estão limpos, mas nem todos".

45 PROVER RECURSOS

Em certa ocasião, Jesus se retirou e foi ao deserto a fim de ficar um pouco sozinho, no entanto a multidão descobriu onde Ele estava e foi ao seu encontro. Quando Jesus viu essas pessoas, Ele não as mandou embora, pelo contrário, Ele curou doentes, lhes ensinou, e quando terminou, já era tarde e o povo estava com fome e não tinha o que comer. Os discípulos queriam mandar a multidão embora, mas Jesus ordenou que alimentassem a multidão, mas tudo que os discípulos conseguiram foram 5 pães e 2 peixes que um menino havia trazido. Jesus pegou a comida, deu graças e multiplicou e distribuiu para a multidão.

O que podemos tirar com esta lição como líderes é, não importa o recurso que temos, que devemos dar sempre condições dos nossos parceiros continuarem seguindo conosco.

PÍLULA:
MESMO EM CONDIÇÕES DESFAVORÁVEIS, O LÍDER PRECISA PROVER OS RECURSOS MÍNIMOS NECESSÁRIOS PARA QUE AS PESSOAS POSSAM CONTINUAR O ACOMPANHANDO.

Prover recursos é uma das tarefas mais importantes de um líder, seja em uma empresa, organização sem fins lucrativos, igreja ou qualquer outro ambiente em que se exige liderança. Ter a habilidade de fornecer os recursos necessários para que as pessoas possam realizar suas tarefas é crucial para o sucesso de qualquer projeto. Na Bíblia, podemos encontrar muitos exemplos de como Jesus Cristo agiu como um líder que provia recursos para as pessoas.

Em diversas ocasiões, Jesus mostrou sua preocupação com as necessidades básicas das pessoas ao seu redor, seja alimentação, cura ou simplesmente uma palavra de encorajamento. Em um episódio bastante conhecido da Bíblia, Jesus alimentou uma multidão de mais de 5.000 pessoas com apenas cinco pães e dois peixes (João 6:1-14). Ele poderia ter se preocupado apenas com o próprio bem-estar, mas escolheu agir em favor das pessoas ao seu redor, mesmo que isso exigisse um grande sacrifício.

Essa atitude de Jesus nos ensina uma importante lição sobre liderança: o líder deve estar atento às necessidades de seus liderados e estar disposto a prover os recursos necessários para que eles possam realizar suas tarefas da melhor forma possível. Isso não significa que o líder precise ter recursos ilimitados, mas sim que ele deve ter a habilidade de utilizar os recursos disponíveis de maneira eficiente e eficaz.

Além de prover recursos materiais, como alimento, água e abrigo, o líder também deve ser capaz de dispor recursos emocionais e intelectuais. Jesus frequentemente se preocupava com o bem-estar emocional das pessoas ao seu redor, oferecendo palavras de encorajamento e conforto em momentos difíceis. Ele também ensinava sobre temas complexos de maneira simples e acessível, para que seus discípulos pudessem compreender e aplicar seus ensinamentos em suas vidas.

A importância de prover recursos é ainda mais evidente em contextos de crise. Durante a pandemia da COVID-19, por exemplo, muitos líderes foram desafiados a prover recursos para seus liderados em meio a uma crise sanitária, econômica e social. Os líderes que foram capazes de agir rapidamente e fornecer recursos adequados para suas equipes, clientes e comunidades foram aqueles que conseguiram superar a crise com mais sucesso.

Na vida atual, líderes devem estar cientes de que prover recursos não é apenas um gesto de generosidade, mas uma obrigação moral. É responsabilidade do líder garantir que as pessoas sob sua liderança tenham o que precisam para realizar suas tarefas de forma eficaz e eficiente. Isso não apenas beneficia os liderados, mas também a organização como um todo, que se torna mais produtiva e eficiente.

Para ser um líder efetivo, é preciso ter a habilidade de prover recursos de maneira adequada. Isso envolve não apenas a alocação de recursos materiais, mas também a provisão de recursos emocionais e intelectuais. A liderança de Jesus Cristo é um exemplo inspirador de como ser um líder que se preocupa com as necessidades de seus liderados e age para prover recursos necessários para o sucesso de todos.

REFERÊNCIA BÍBLICA: MATEUS 15.32-39

Jesus chamou os seus discípulos e disse: "Tenho compaixão desta multidão; já faz três dias que eles estão comigo e nada têm para comer. Não quero mandá-los embora com fome, porque podem desfalecer no caminho".

Os seus discípulos responderam: "Onde poderíamos encontrar, neste lugar deserto, pão suficiente para alimentar tanta gente?".

"Quantos pães vocês têm?", perguntou Jesus. "Sete", responderam eles, "e alguns peixinhos".

Ele ordenou à multidão que se assentasse no chão.

Depois de tomar os sete pães e os peixes e dar graças, partiu-os e os entregou aos discípulos, e os discípulos à multidão.

Todos comeram até se fartar. E ajuntaram sete cestos cheios de pedaços que sobraram.

Os que comeram foram quatro mil homens, sem contar mulheres e crianças.

E, havendo despedido a multidão, Jesus entrou no barco e foi para a região de Magadã.

46 DAR PARA RECEBER

Quando falamos "dar para receber", não queremos dizer em fazer pensando em receber algo em troca, mas sim no resultado que a sua atitude trará.

Zaqueu era um homem judeu, cobrador de impostos. Quando Jesus passou por Jericó, Zaqueu correu para poder vê-lo, entretanto não conseguia vê-lo por sua baixa estatura, então subiu em uma árvore a fim de vê-lo. Jesus, passando por ali, ordenou que Zaqueu descesse, pois Ele ficaria na casa dele naquela noite (Lc.19:5).

Muitos vendo a cena, murmuraram, dizendo que Jesus iria se hospedar na casa de um homem pecador, e Zaqueu levantou e disse a Jesus que havia resolvido dar aos pobres a metade dos bens dele, e se alguma coisa roubou de alguém, iria restituir quatro vezes mais. Zaqueu deu bens materiais, mas o que ele ganhou com essa atitude honesta foi muito maior do que ele poderia imaginar. Jesus disse: "Hoje houve salvação nesta casa, ele ganhou a vida eterna, e isso não tem preço que se pague".

PÍLULA:
SABER QUE A GENEROSIDADE PRODUZ RESULTADOS INCRÍVEIS, POIS NADA SE PERDE QUANDO SE DÁ ALGO A ALGUÉM. PELO CONTRÁRIO, MUITO SE GANHA!

Dar para receber é um conceito que muitas vezes é mal compreendido, e pode parecer um pouco contraditório. No entanto, quando se olha para a história de Jesus Cristo, descrita na Bíblia, fica claro que ele ensinou a importância de dar sem esperar nada em troca, mas também reconheceu que, ao fazer isso, recebemos uma recompensa muito maior do que podemos imaginar. Isso se aplica tanto à vida espiritual quanto à liderança no mundo dos negócios e outras áreas da vida.

Jesus frequentemente falava sobre a importância de dar sem esperar nada em troca. Ele disse: "Deem, e será dado a vocês: uma boa medida, calcada, sacudida e transbordante será dada a vocês. Pois com a medida que vocês usarem, também serão medidos" (Lucas 6:38). Essa ideia de que somos recompensados de acordo com a medida que damos é fundamental para entender o conceito de dar para receber.

Quando se trata de liderança, dar para receber significa investir nos integrantes de sua equipe, fornecer recursos e oportunidades para que cresçam e se desenvolvam. Quando você faz isso, eles se tornam mais produtivos e eficazes em suas funções, o que, por sua vez, beneficia toda a organização. Além disso, ao mostrar a seus funcionários que se importa com o bem-estar deles, você cria um ambiente de trabalho positivo e inspira lealdade e respeito.

Outra maneira de aplicar o conceito de dar para receber na liderança é investir em sua comunidade. Isso pode ser feito por meio de voluntariado ou doações para organizações sem fins lucrativos. Quando você dá de volta à comunidade, está construindo uma reputação positiva e atraindo pessoas que compartilham seus valores e visão.

Ao aplicar o conceito de dar para receber, é importante lembrar que o objetivo não deve ser a recompensa em si mesma. Em vez disso, o objetivo deve ser dar sem esperar nada em troca e confiar que a recompensa virá de forma natural.

Isso pode ser difícil para muitas pessoas, especialmente em um mundo onde somos incentivados a buscar recompensas instantâneas e gratificação imediata.

No entanto, quando você se concentra em dar sem esperar nada em troca, cria um círculo virtuoso que recompensa a todos os envolvidos. Ao dar, você está ajudando os outros e construindo relacionamentos positivos. Esses relacionamentos, por sua vez, criam oportunidades e abrem portas que, de outra forma, podem não estar disponíveis.

REFERÊNCIA BÍBLICA: MATEUS 10.7-8

Por onde forem, preguem esta mensagem: "O Reino dos céus está próximo". Curem os enfermos, ressuscitem os mortos, purifiquem os leprosos, expulsem os demônios. Vocês receberam de graça; deem também de graça.

47 TER CORAGEM

A coragem de Jesus em enfrentar adversidades e defender suas crenças é uma característica fundamental que o torna ainda mais admirável.

A coragem de Jesus pode ser vista em vários momentos de sua vida. Desde o início de sua missão, ele sabia que enfrentaria muitos desafios e perseguições por parte das autoridades religiosas e políticas da época. No entanto, ele não recuou e continuou pregando suas mensagens de amor e justiça.

Um exemplo marcante da coragem de Jesus é sua prisão e julgamento injustos. Mesmo sabendo que seria condenado à morte, ele não recuou em sua posição e continuou defendendo suas crenças até o fim. Sua coragem em enfrentar a morte inspirou muitos de seus seguidores e continua inspirando pessoas ao redor do mundo até hoje.

PÍLULA:
MANTER O FOCO NO SEU OBJETIVO, EM DETRIMENTO DOS OBSTÁCULOS E SEM MEDO DE IR AO ENCONTRO DA SITUAÇÃO EM QUE ENCONTRARÁ SUA MAIOR DIFICULDADE.

A coragem é uma qualidade fundamental em todas as áreas da vida, especialmente em liderança. É importante ter a coragem necessária para enfrentar os desafios e superar os obstáculos que surgem no caminho. A história de Jesus Cristo, como descrita na Bíblia, oferece uma rica fonte de inspiração para aqueles que desejam desenvolver a coragem e aplicá-la em suas vidas como líderes.

Jesus é frequentemente lembrado como um líder corajoso e destemido. Ele enfrentou muitos desafios difíceis ao longo de sua vida, desde oposição de líderes religiosos até ameaças de morte por parte das autoridades romanas. No entanto, ele nunca desistiu de sua missão e continuou a lutar pelos ideais em que acreditava. Essa coragem inabalável não só inspirou aqueles que o seguiram na época, mas continua a inspirar milhões de pessoas em todo o mundo até hoje.

A coragem de Jesus foi demonstrada de muitas maneiras diferentes. Ele teve coragem para desafiar a tradição e as normas sociais da época, que muitas vezes discriminavam mulheres e minorias. Ele teve coragem para falar a verdade, mesmo quando isso significava enfrentar a ira dos líderes religiosos e políticos. Ele teve coragem para se colocar entre as multidões e curar os enfermos, mesmo que isso significasse colocar em risco sua própria segurança. E, acima de tudo, ele teve coragem para enfrentar a cruz e a morte, sabendo que estava fazendo a vontade de Deus.

Para líderes atuais, a coragem é uma qualidade essencial para liderar com eficácia. Os líderes enfrentam diariamente situações desafiadoras que exigem coragem para lidar. A capacidade de tomar decisões difíceis, enfrentar conflitos e assumir riscos calculados é fundamental para o sucesso de qualquer líder. A coragem também é importante para inspirar e motivar as pessoas ao seu redor, especialmente em tempos difíceis.

Mas a coragem não é apenas uma qualidade necessária para líderes em posições de poder ou autoridade. Todos nós, em algum momento de nossas vidas, enfrentaremos situações que exigem coragem. Pode ser tomar uma decisão importante, enfrentar um medo ou uma fobia, ou defender algo em que acreditamos. Ter coragem pode nos ajudar a superar esses desafios e nos permitir alcançar nosso pleno potencial.

Uma das principais lições que podemos aprender com a coragem de Jesus é a importância de ter uma causa maior. Jesus acreditava na vontade de Deus e estava disposto a fazer o que fosse necessário para cumprir essa missão. Ele não estava preocupado com a própria segurança ou bem-estar pessoal; em vez disso, ele estava focado em cumprir o propósito maior em sua vida.

Para os líderes atuais, a importância de ter uma causa maior é igualmente importante. É importante ter uma visão clara e inspiradora para a organização ou a equipe que estão liderando, e trabalhar com paixão e determinação para alcançar essa visão. Quando os líderes têm uma causa maior, eles são capazes de inspirar os outros a se juntar a eles e os seguir.

REFERÊNCIA BÍBLICA: LUCAS 9.51-56

Aproximando-se o tempo em que seria elevado ao céu, Jesus partiu resolutamente em direção a Jerusalém.

E enviou mensageiros à sua frente. Indo estes, entraram num povoado samaritano para lhe fazer os preparativos; mas o povo dali não o recebeu porque se notava em seu semblante que ele ia para Jerusalém.

Ao verem isso, os discípulos Tiago e João perguntaram: "Senhor, queres que façamos cair fogo do céu para destruí-los?".

Mas Jesus, voltando-se, os repreendeu, dizendo: "Vocês não sabem de que espécie de espírito são, pois o Filho do homem não veio para destruir a vida dos homens, mas para salvá-los"; e foram para outro povoado.

48 SER SERVIDOR

Jesus sempre deixou claro que devemos amar ao próximo como a nós mesmos, mas o que isso quer dizer? Quer dizer que devemos servir ao nosso próximo. Afinal, quem é o nosso próximo? Jesus responde a essa pergunta pela parábola do bom samaritano.

Ele conta que três homens passaram por outro que havia sido espancado. Dois desses homens eram sacerdotes, passaram pelo homem e não o ajudaram, mas o terceiro, que era samaritano, parou para ajudá-lo, cuidou dele, o levou para um local próprio para se recuperar e pagou as despesas.

A resposta para nossa pergunta é: o próximo foi o que teve misericórdia para com o necessitado, e assim como ele fez, nós devemos fazer. Servir aos outros.

PÍLULA:
LIDERE PELO SERVIR, E SIRVA AO LIDERAR, TENDO CADA VEZ MENOS DIREITOS E MAIS RESPONSABILIDADES COM OS DEMAIS, DANDO-SE A SI MESMO PARA PRESERVAR SUA EQUIPE.

Ser um líder servidor é uma abordagem que coloca as necessidades dos liderados em primeiro lugar, buscando atender às suas demandas e oferecer suporte necessário. Essa abordagem de liderança é muito importante para estabelecer uma cultura de trabalho saudável e para criar uma equipe mais eficiente. Na história de Jesus Cristo, descrita na Bíblia, podemos encontrar muitos exemplos de como ele foi um líder servo, e como essa abordagem pode ser aplicada na liderança atual.

Jesus sempre se colocou à disposição para ajudar os outros. Ele não se importava em fazer o trabalho pesado e muitas vezes realizava milagres para atender às necessidades das pessoas. A sua liderança era marcada pela humildade e pela preocupação genuína com os outros. Um exemplo disso foi quando Jesus lavou os pés de seus discípulos, uma tarefa que era reservada aos servos naquela época. Com essa atitude, ele mostrou que não estava acima de ninguém e que estava disposto a fazer o que fosse necessário para ajudar os outros.

Além disso, Jesus se preocupava com as pessoas que estavam ao seu redor. Ele não apenas oferecia ajuda material, mas também buscava entender suas necessidades emocionais e espirituais. Por exemplo, ele acolheu os pecadores e os marginalizados da sociedade, e muitas vezes passava tempo com eles, ouvindo suas histórias e oferecendo-lhes conforto e encorajamento.

Outro exemplo da liderança de Jesus como um servo foi quando ele curou o leproso. Naquela época, as pessoas que sofriam com essa doença eram excluídas da sociedade e consideradas impuras. No entanto, Jesus não apenas curou o leproso, mas também o tocou, mostrando que ele não tinha medo de se aproximar daqueles que eram considerados intocáveis. Com essa atitude, ele quebrou as barreiras sociais e ofereceu um exemplo poderoso de como a liderança deve ser guiada pelo amor e pela compaixão.

Hoje, os líderes também podem adotar uma abordagem de liderança servidora. Eles podem começar por se colocar à disposição de seus liderados, oferecendo ajuda sempre que possível e se preocupando com suas necessidades. Isso pode incluir desde oferecer recursos para ajudar a realizar as tarefas, até mesmo uma escuta atenta para entender o que seus liderados estão passando.

Ser um líder servidor também envolve a criação de um ambiente de trabalho em que as pessoas se sintam seguras e apoiadas. Isso pode ser alcançado pela promoção de um diálogo aberto e honesto e pela construção de uma cultura de confiança e respeito mútuo. Os líderes podem ser um exemplo ao mostrar que não estão acima de seus liderados, mas, sim, que estão todos juntos na mesma equipe.

Outra maneira de ser um líder servidor é permitindo que seus liderados sejam proativos e tomem decisões. Os líderes podem incentivar seus liderados a assumirem responsabilidade por suas próprias tarefas e a contribuírem para a melhoria da equipe. Isso pode envolver o desenvolvimento de habilidades e treinamento para que seus liderados sejam mais capacitados a assumir um papel mais ativo.

REFERÊNCIA BÍBLICA: MATEUS 20. 25-28

Jesus os chamou e disse: "Vocês sabem que os governantes das nações as dominam, e as pessoas importantes exercem poder sobre elas.

Não será assim entre vocês. Pelo contrário, quem quiser tornar-se importante entre vocês deverá ser servo, e quem quiser ser o primeiro deverá ser escravo; como o Filho do homem, que não veio para ser servido, mas para servir e dar a sua vida em resgate por muitos".

49 SABER OUVIR

"Quem responde antes de ouvir comete insensatez e passa vergonha." (Provérbios 18:13).

Normalmente, o ser humano tem o hábito de sair falando sem pensar, e muito menos ouvir o que o outro tem a dizer, porém Jesus nos adverte dizendo que devemos ser tardios no falar.

Devemos usar de sabedoria e ouvir antes de sair falando. Decisões precipitadas podem gerar grandes desastres.

**PÍLULA:
TENHA O HÁBITO DE OUVIR PARA PODER FALAR E TAMBÉM SE CONECTAR ÀS PESSOAS DE FORMA GENUÍNA, SE COMUNICANDO DE FORMA PROFUNDA E EFETIVA COM ELAS.**

A habilidade de saber ouvir é uma das mais importantes para qualquer líder, e a história de Jesus Cristo oferece várias lições sobre a importância de ouvir os outros. Como líder, Jesus era conhecido por ser um bom ouvinte e muitas vezes parava para ouvir as preocupações e necessidades das pessoas ao seu redor. Ele compreendia que, ao ouvir os outros, ele poderia entender melhor seus desafios e oferecer orientação e apoio adequados.

Na Bíblia, há muitos exemplos de como Jesus ouviu as necessidades das pessoas e respondeu com empatia e compaixão. Por exemplo, em Marcos 10:46-52, Jesus ouve o pedido de um cego chamado Bartimeu e o cura de sua cegueira. Jesus também ouviu a preocupação de seus discípulos quando eles ficaram com fome e sem comida para alimentar uma multidão, e Ele foi capaz de alimentar cinco mil pessoas com apenas alguns pães e peixes.

A habilidade de ouvir é importante para os líderes porque lhes permite entender as necessidades de suas equipes, clientes e outros *stakeholders*. Quando um líder sabe ouvir, ele ou ela pode se comunicar de maneira mais eficaz e tomar decisões mais informadas. Ouvir também é uma forma de demonstrar respeito e valorização às outras pessoas, e pode ajudar a construir relacionamentos mais fortes e duradouros.

Ao aplicar as lições de Jesus sobre a importância de ouvir, os líderes podem se tornar mais eficazes e bem-sucedidos em seus papéis. Abaixo, estão algumas maneiras pelas quais os líderes podem melhorar suas habilidades de escuta.

Esteja presente e atento: quando alguém está falando com você, dê a essa pessoa toda a sua atenção. Não se distraia com outras coisas ou pense no que você vai dizer em seguida. Ouça com a mente e o coração abertos.

Faça perguntas: para ter uma compreensão mais profunda do que a outra pessoa está dizendo, faça perguntas para esclarecer o que foi dito e mostrar que você está interessado em entender completamente.

Use a linguagem corporal apropriada: mantenha contato visual com a pessoa que está falando e use a linguagem corporal para demonstrar que você está ouvindo. Por exemplo, incline a cabeça para indicar que você está prestando atenção.

Evite interrupções: não interrompa a outra pessoa enquanto ela estiver falando. Espere até que ela termine antes de fazer sua própria contribuição à conversa.

Mostre empatia: tente colocar-se no lugar da outra pessoa e entender como ela está se sentindo. Demonstrar empatia pode ajudar a estabelecer uma conexão mais forte e construir relacionamentos duradouros.

Em resumo, a habilidade de ouvir é uma das mais importantes para qualquer líder. Jesus Cristo é um exemplo poderoso de como a habilidade de ouvir pode ajudar a compreender as necessidades das pessoas ao nosso redor e ser um líder mais eficaz. Ao seguir essas lições, os líderes modernos podem construir relacionamentos mais fortes e tomar decisões mais informadas que levem ao sucesso de suas organizações.

REFERÊNCIA BÍBLICA: MARCOS 10. 46-52

Então chegaram a Jericó. Quando Jesus e seus discípulos, juntamente com uma grande multidão, estavam saindo da cidade, o filho de Timeu, Bartimeu, que era cego, estava sentado à beira do caminho pedindo esmolas.

Quando ouviu que era Jesus de Nazaré, começou a gritar: "Jesus, Filho de Davi, tem misericórdia de mim!".

Muitos o repreendiam para que ficasse quieto, mas ele gritava ainda mais: "Filho de Davi, tem misericórdia de mim!".

Jesus parou e disse: "Chamem-no". E chamaram o cego: "Ânimo! Levante-se! Ele o está chamando".

Lançando sua capa para o lado, de um salto, pôs-se de pé e dirigiu-se a Jesus.

"O que você quer que eu lhe faça?", perguntou-lhe Jesus. O cego respondeu: "Mestre, eu quero ver!".

"Vá", disse Jesus, "a sua fé o curou". Imediatamente ele recuperou a visão e seguia a Jesus pelo caminho.

50 SER ENÉRGICO

Existem situações que precisam de atitudes drásticas antes que piorem.

Em João 2:13-15, a Bíblia relata que estava próxima a Páscoa dos Judeus, e Jesus subiu a Jerusalém. Quando Ele foi até o templo, encontrou os que vendiam bois, ovelhas, pombas e cambistas. Ele fez um chicote com cordas e a todos expulsou do templo, com animais. Jogou todo dinheiro no chão, derrubou as barracas dos cambistas e disse para que tirassem dali tais coisas, e disse: "Não façais da casa de meu Pai um mercado". Os judeus, assustados, questionaram por que Jesus agiu daquela forma, e Ele os respondeu dizendo: "Destruí esse templo e em três dias eu o reerguerei". Os judeus então disseram: "Trabalharam durante 46 anos para erguer este templo, e tu serias capaz de erguê-lo em três dias? Ora, Ele falava isso a respeito do templo que é o seu corpo, o qual seria ressuscitado em três dias após a sua morte.

PÍLULA:
QUANDO NECESSÁRIO, DEVE AGIR COM FIRMEZA, SEM NECESSIDADE DE AGIR PARA A APROVAÇÃO DE OUTROS, MAS FAZENDO O QUE DEVE SER FEITO POR UMA CAUSA, SEM ESPERAR POR UM CONSENSO.

Ser enérgico é uma qualidade importante para os líderes atuais, pois ela envolve a capacidade de tomar decisões, agir de forma determinada e motivar as pessoas ao redor. Essa qualidade é especialmente importante em momentos de crise, quando é necessário tomar medidas rápidas e eficazes para lidar com situações desafiadoras. A história de Jesus Cristo, descrita na Bíblia, oferece muitos exemplos de como a energia pode ser uma qualidade importante para os líderes.

Em várias passagens da Bíblia, Jesus é descrito como alguém que age com determinação e energia para alcançar seus objetivos. Ele não teme enfrentar desafios e está disposto a fazer o que for preciso para cumprir sua missão. Por exemplo, quando Jesus expulsou os vendedores do templo, ele agiu com energia e determinação para proteger a santidade do local sagrado (Mateus 21:12-13).

Outro exemplo da energia de Jesus pode ser visto em sua jornada para Jerusalém, onde ele sabia que seria preso e crucificado. Apesar dos perigos que enfrentava, Jesus seguiu em frente com determinação, sabendo que sua missão era maior do que qualquer sofrimento que pudesse enfrentar. Sua energia e determinação inspiraram seus seguidores a continuar sua obra após sua morte e ressurreição.

A energia de Jesus não se limitava apenas às situações de crise. Ele também demonstrava essa qualidade em seu trabalho diário, ao ensinar e curar as pessoas ao seu redor. Seu entusiasmo e comprometimento eram contagiantes, e muitos foram inspirados por sua energia e entusiasmo.

Esses exemplos da energia de Jesus podem ser aplicados aos líderes atuais de várias maneiras. Em primeiro lugar, a energia é uma qualidade importante para os líderes que precisam tomar decisões rápidas em momentos de crise. Quando uma empresa ou organização enfrenta um desafio, o líder deve ser capaz de agir rapidamente e com determinação para lidar com a situação.

Além disso, a energia também é importante para manter a motivação e o comprometimento dos funcionários. Os líderes que demonstram energia e entusiasmo em seu trabalho diário podem inspirar suas equipes a trabalhar com mais dedicação e empenho. Isso pode ajudar a criar um ambiente de trabalho positivo e produtivo, onde todos se sentem motivados a dar o seu melhor.

No entanto, é importante lembrar que a energia deve ser equilibrada com outras qualidades importantes, como empatia, compaixão e respeito. Os líderes que agem com muita energia podem ser vistos como agressivos ou insensíveis, o que pode prejudicar sua capacidade de liderar efetivamente. Portanto, é importante que os líderes aprendam a equilibrar sua energia com outras qualidades que promovam um ambiente de trabalho saudável e positivo.

Em resumo, a energia é uma qualidade importante para os líderes atuais, pois ela os ajuda a tomar decisões rápidas em momentos de crise e a manter a motivação e o comprometimento dos funcionários. A história de Jesus Cristo, descrita na Bíblia, oferece muitos exemplos de como a energia pode ser uma qualidade importante para os líderes.

REFERÊNCIA BÍBLICA: MARCOS 11. 15-17

Chegando a Jerusalém, Jesus entrou no templo e ali começou a expulsar os que estavam comprando e vendendo. Derrubou as mesas dos cambistas e as cadeiras dos que vendiam pombas e não permitia que ninguém carregasse mercadorias pelo templo.

E os ensinava, dizendo: "Não está escrito: 'A minha casa será chamada casa de oração para todos os povos'? Mas vocês fizeram dela um covil de ladrões".

51 TER FIRMEZA E SEGURANÇA

Simplificando, firmeza é estabilidade, solidez, constância. Constância é perseverança.

Quando buscamos na Bíblia, encontramos a história de quando Jesus é preso e está perante Pilatos, "Jesus estava em pé ante o governador; e este o interrogou, dizendo: 'És tu o rei dos judeus?'. Respondeu-lhe Jesus: 'Tu o dizes'. E, sendo acusado pelos principais sacerdotes e pelos anciãos, nada respondeu. Então lhe perguntou Pilatos: 'Não ouves quantas acusações te fazem?'. Jesus não respondeu nem uma palavra, vindo com isto a admirar-se grandemente o governador." (Mateus 27).

Devemos nos manter firmes, tempestades também surgirão para nós no nosso dia a dia, mas devemos ter fé e nos sentirmos seguros de que tudo está sob o controle de Deus.

**PÍLULA:
QUANDO LIDAR COM QUESTÕES DIFÍCEIS,
TENHA A ATITUDE DE RESISTIR E A OUSADIA PARA RESPONDER AOS QUESTIONAMENTOS SOBRE SUA AUTORIDADE E CONHECIMENTO.**

Ter firmeza e segurança é uma característica fundamental para líderes de sucesso. Quando uma pessoa possui essa qualidade, ela é capaz de tomar decisões e agir com confiança e determinação, o que pode inspirar os outros a seguir o seu exemplo. Essa é uma qualidade que pode ser observada na vida de Jesus Cristo, descrito na Bíblia, e que pode ser aplicada aos líderes atuais.

Jesus era uma figura que transmitia segurança e firmeza em suas ações e decisões. Ele tinha clareza sobre seus objetivos e sabia exatamente o que precisava ser feito para alcançá-los. Um exemplo disso é quando Jesus expulsou os vendilhões do templo, mostrando sua indignação com a situação e agindo com firmeza para corrigi-la.

Outro exemplo é quando Jesus foi confrontado pelos fariseus e escribas, que tentaram colocá-lo em uma situação difícil perguntando se era lícito pagar tributo a César. Jesus respondeu com sabedoria e segurança, mostrando que tinha pleno conhecimento da lei e das tradições judaicas.

Os líderes atuais podem aprender muito com a firmeza e segurança de Jesus. Em primeiro lugar, é importante ter um propósito claro e definido, sabendo exatamente o que se quer alcançar. É preciso ter confiança nas próprias habilidades e conhecimentos, e estar disposto a agir com determinação para alcançar os objetivos.

Além disso, é importante saber lidar com situações difíceis e desafiadoras, mantendo a calma e a tranquilidade mesmo diante de adversidades. Isso pode envolver tomar decisões difíceis, como demitir um funcionário ou cortar gastos em uma empresa, por exemplo. É preciso estar seguro e confiante nessas situações, sabendo que está fazendo o que é melhor para a organização.

No entanto, é importante ressaltar que a firmeza e segurança não devem ser confundidas com inflexibilidade e teimosia. É fundamental ser aberto a novas ideias e perspectivas, e estar disposto a mudar de rumo caso seja necessário. É preciso encontrar um equilíbrio entre a firmeza e a flexibilidade, adaptando-se às situações e mantendo-se fiel aos objetivos.

Outra lição que pode ser aprendida com Jesus é a importância de estar preparado. Jesus sabia que seria perseguido e julgado, mas isso não o impediu de seguir adiante com seus planos. Ele estava preparado para as dificuldades que enfrentaria e tinha um plano para lidar com elas. Os líderes atuais também precisam estar preparados para lidar com as adversidades que surgem, e ter um plano de contingência caso algo dê errado.

Por fim, é importante lembrar que a firmeza e segurança devem estar sempre aliadas à humildade e à empatia. Jesus era uma figura humilde e compreensiva, que se preocupava com as pessoas ao seu redor. Os líderes atuais precisam ter essa mesma preocupação, colocando-se no lugar dos outros e buscando entender suas necessidades e preocupações.

Em resumo, ter firmeza e segurança é fundamental para os líderes atuais. Essa qualidade pode ser observada na vida de Jesus.

REFERÊNCIA BÍBLICA: LUCAS 20.1-8

Certo dia, quando Jesus estava ensinando o povo no templo e pregando as boas-novas, chegaram-se a ele os chefes dos sacerdotes, juntamente com os mestres da lei e os líderes religiosos, e lhe perguntaram: "Com que autoridade estás fazendo estas coisas? Quem te deu esta autoridade?".

Ele respondeu: "Eu também lhes farei uma pergunta: Digam-me: O batismo de João era do céu, ou dos homens?".

Eles discutiam entre si, dizendo: "Se dissermos 'do céu', ele perguntará: 'Então por que vocês não creram nele?'

Mas se dissermos: 'dos homens', todo o povo nos apedrejará, porque convencidos estão de que João era um profeta".

Assim, responderam: "Não sabemos de onde era".

Disse então Jesus: "Tampouco lhes direi com que autoridade estou fazendo estas coisas".

52 TER SENSO DE OPORTUNIDADE

"Porque dizia: se eu apenas lhe tocar nas vestes serei curada." (Marcos 5:28).

Segundo o que a Bíblia diz, enquanto Jesus ia até a casa de Jairo, uma mulher enferma tocou suas vestes em meio à multidão. A história conta que fazia cerca de 12 anos que aquela mulher sofria com hemorragia, ela já havia gastado todos seus recursos tentando encontrar a cura. Naquele tempo, a mulher que sangrava era considerada imunda e não podia ser tocada por ninguém, deveria viver isolada.

A Bíblia relata que, quando ela ouviu falar de Jesus, pensou que se apenas tocasse suas vestes poderia ser curada, e assim ela o fez. No momento em que ela tocou, Jesus perguntou "quem me tocou?" e os seus discípulos disseram "Senhor, estamos no meio de uma multidão, é normal alguém acabar esbarrando no Senhor". E Ele respondeu que era diferente daquela vez, a mulher então se postou diante Dele e disse que havia sido ela, Ele teve compaixão e disse: "Filha, a tua fé te salvou, vai em paz, e fica livre do teu mal" (Marcos 5:34).

**PÍLULA:
SAIBA IDENTIFICAR O MELHOR MOMENTO PARA AGIR, OBSERVANDO AS CONDIÇÕES FAVORÁVEIS E O ALCANCE DE PÚBLICO QUE SERÁ IMPACTADO, A FIM DE GANHAR MAIS APOIADORES.**

O GALILEU

Ter senso de oportunidade é uma habilidade essencial para o sucesso em qualquer empreendimento, seja ele pessoal ou profissional. Significa ser capaz de reconhecer e aproveitar as oportunidades quando elas surgem, ou mesmo criá-las por meio de estratégias e ações bem planejadas. Na história de Jesus Cristo, descrita na Bíblia, encontramos exemplos claros de como o Filho de Deus soube utilizar o momento certo para suas ações, e como essa habilidade pode ser aplicada pelos líderes atuais nas próprias vidas.

Jesus era conhecido por ser um mestre da oratória, e muitas vezes suas palavras eram direcionadas de forma específica ao momento em que ele as pronunciava. Ele sabia exatamente o que dizer e quando dizer, de modo que suas mensagens tivessem um impacto profundo em seus ouvintes. Um exemplo disso é a Parábola do Semeador, contada por Jesus durante um momento em que ele estava em uma praia lotada, e precisava falar para um grande público. Ele usou a história para ensinar às pessoas a importância de ouvir e compreender a Palavra de Deus, e conseguiu alcançar seu objetivo com sucesso, mesmo em meio a tantas distrações.

Outro exemplo do senso de oportunidade de Jesus pode ser visto em sua escolha de discípulos. Ele selecionou pessoas simples e humildes, muitas vezes de origem pobre ou desconhecida, mas que tinham potencial para se tornarem grandes líderes e pregadoras da mensagem divina. Ele soube enxergar nelas a oportunidade de construir uma nova comunidade, baseada na fé e no amor, e foi capaz de transformá-las em agentes poderosos de mudança.

Os líderes atuais podem aprender muito com a abordagem de Jesus em relação ao senso de oportunidade. É importante estar atento às tendências e movimentos do mercado, das comunidades e das pessoas em geral, para identificar as oportunidades de crescimento e desenvolvimento. Isso pode incluir a criação de produtos ou serviços, a expansão para novos mercados, o desenvolvimento de novas habilidades e competências, entre outras iniciativas.

Além disso, ter senso de oportunidade também significa saber quando é o momento certo para tomar uma decisão importante ou agir de forma decisiva. Isso pode incluir a contratação de novos funcionários, a expansão da empresa para outras regiões, a abertura de novas unidades de negócios, entre outras decisões estratégicas. Os líderes que têm essa habilidade são capazes de ver além do momento atual e antecipar as necessidades e desafios futuros, preparando suas organizações para o sucesso em longo prazo.

REFERÊNCIA BÍBLICA: JOÃO 11.1-46

Havia um homem chamado Lázaro. Ele era de Betânia, do povoado de Maria e de sua irmã Marta. E aconteceu que Lázaro ficou doente.

Maria, sua irmã, era a mesma que derramara perfume sobre o Senhor e lhe enxugara os pés com os cabelos.

Então as irmãs de Lázaro mandaram dizer a Jesus: "Senhor, aquele a quem amas está doente".

Ao ouvir isso, Jesus disse: "Essa doença não acabará em morte; é para a glória de Deus, para que o Filho de Deus seja glorificado por meio dela".

Jesus amava Marta, a irmã dela e Lázaro.

No entanto, quando ouviu falar que Lázaro estava doente, ficou mais dois dias onde estava.

Depois disse aos seus discípulos: "Vamos voltar para a Judeia".

Estes disseram: "Mestre, há pouco os judeus tentaram apedrejar-te e assim mesmo vais voltar para lá?".

Jesus respondeu: "O dia não tem doze horas? Quem anda de dia não tropeça, pois vê a luz deste mundo.

Quando anda de noite, tropeça, pois nele não há luz".

Depois de dizer isso, prosseguiu dizendo-lhes: "Nosso amigo Lázaro adormeceu, mas vou até lá para acordá-lo".

Seus discípulos responderam: "Senhor, se ele dorme, vai melhorar".

Jesus tinha falado de sua morte, mas os seus discípulos pensaram que ele estava falando simplesmente do sono.

Então lhes disse claramente: "Lázaro morreu, e para o bem de vocês estou contente por não ter estado lá, para que vocês creiam. Mas, vamos até ele".

Então Tomé, chamado Dídimo, disse aos outros discípulos: "Vamos também para morrermos com ele".

Ao chegar, Jesus verificou que Lázaro já estava no sepulcro havia quatro dias.

Betânia distava cerca de três quilômetros de Jerusalém, e muitos judeus tinham ido visitar Marta e Maria para confortá-las pela perda do irmão.

Quando Marta ouviu que Jesus estava chegando, foi encontrá-lo, mas Maria ficou em casa.

Disse Marta a Jesus: "Senhor, se estivesses aqui meu irmão não teria morrido.

Mas sei que, mesmo agora, Deus te dará tudo o que pedires".

Disse-lhe Jesus: "O seu irmão vai ressuscitar".

Marta respondeu: "Eu sei que ele vai ressuscitar na ressurreição, no último dia".

Disse-lhe Jesus: "Eu sou a ressurreição e a vida. Aquele que crê em mim, ainda que morra, viverá; e quem vive e crê em mim, não morrerá eternamente. Você crê nisso?".

Ela lhe respondeu: "Sim, Senhor, eu tenho crido que tu és o Cristo, o Filho de Deus que devia vir ao mundo".

E depois de dizer isso, foi para casa e, chamando à parte Maria, disse-lhe: "O Mestre está aqui e está chamando você".

Ao ouvir isso, Maria levantou-se depressa e foi ao encontro dele.

Jesus ainda não tinha entrado no povoado, mas estava no lugar onde Marta o encontrara.

Quando notaram que ela se levantou depressa e saiu, os judeus, que a estavam confortando em casa, seguiram-na, supondo que ela ia ao sepulcro, para ali chorar.

Chegando ao lugar onde Jesus estava e vendo-o, Maria postou-se aos seus pés e disse: "Senhor, se estivesses aqui meu irmão não teria morrido".

Ao ver chorando Maria e os judeus que a acompanhavam, Jesus agitou-se no espírito e perturbou-se.

"Onde o colocaram?", perguntou ele. "Vem e vê, Senhor", responderam eles.

Jesus chorou.

Então os judeus disseram: "Vejam como ele o amava!".

Mas alguns deles disseram: "Ele, que abriu os olhos do cego, não poderia ter impedido que este homem morresse?".

Jesus, outra vez profundamente comovido, foi até o sepulcro. Era uma gruta com uma pedra colocada à entrada.

"Tirem a pedra", disse ele. Disse Marta, irmã do morto: "Senhor, ele já cheira mal, pois já faz quatro dias".

Disse-lhe Jesus: "Não lhe falei que, se você cresse, veria a glória de Deus?".

Então tiraram a pedra. Jesus olhou para cima e disse: "Pai, eu te agradeço porque me ouviste.

Eu sabia que sempre me ouves, mas disse isso por causa do povo que está aqui, para que creia que tu me enviaste".

Depois de dizer isso, Jesus bradou em alta voz: "Lázaro, venha para fora!".

O morto saiu, com as mãos e os pés envolvidos em faixas de linho, e o rosto envolto num pano. Disse-lhes Jesus: "Tirem as faixas dele e deixem-no ir".

Muitos dos judeus que tinham vindo visitar Maria, vendo o que Jesus fizera, creram nele.

Mas alguns deles foram contar aos fariseus o que Jesus tinha feito.

53 TER RESPONSABILIDADE NA CRISE

Jesus veio à Terra sabendo que seu tempo aqui seria passageiro, por isso ele escolheu os apóstolos que estariam com Ele em sua caminhada aqui na Terra. Vivenciando todos os seus feitos e aprendendo como deveriam andar.

Quando foi chegado o dia de Jesus voltar junto ao Pai que está nos céus, Jesus deixa uma ordem aos discípulos. "Não saiam da cidade até que sejam revestidos da força do alto, assim como o Pai prometeu, o Espírito Santo virá".

Em nome de Cristo, os apóstolos devem anunciar e testemunhar a história de Jesus, falar sobre como agir, sobre a conversão dos pecados, falar sobre a volta do Salvador.

"E disse-lhes: Ide por todo mundo, pregai o evangelho a toda criatura." (Marcos 16:15).

"Mas receberão poder quando o Espírito Santo descer sobre vocês, e serão minhas testemunhas em Jerusalém, em toda a Judeia e Samaria, e até os confins da Terra".

PÍLULA:
CUIDE E DIRECIONE AS PESSOAS EM MEIO À CRISE E ÀS DIFICULDADES, TENDO UMA MAIOR PREOCUPAÇÃO COM ELAS DO QUE COM O PROBLEMA ENFRENTADO.

A vida é marcada por momentos de crise que podem ocorrer em diferentes áreas, seja na vida pessoal, profissional ou social. Nessas situações, é fundamental ter lideranças que assumam a responsabilidade e tomem as medidas necessárias para lidar com as dificuldades. A história de Jesus Cristo, descrita na Bíblia, oferece exemplos importantes de como agir com responsabilidade em momentos de crise.

Em diversas passagens do Novo Testamento, Jesus enfrentou situações difíceis e desafiadoras, e sempre manteve uma postura de liderança responsável. Por exemplo, quando os fariseus trouxeram a Jesus uma mulher flagrada em adultério e perguntaram se ela deveria ser apedrejada, Jesus respondeu: "Aquele que dentre vós estiver sem pecado seja o primeiro que lhe atire pedra" (João 8:7). Com essa resposta, Jesus mostrou sua responsabilidade ao não se deixar levar por uma solução imediata e simplista para o problema.

Outro exemplo da responsabilidade de Jesus em momentos de crise pode ser visto na narrativa da Última Ceia. Naquela ocasião, Jesus sabia que estava prestes a ser traído e entregue para ser crucificado, mesmo assim tomou a iniciativa de compartilhar a refeição com seus discípulos e instituir a celebração da Eucaristia. Com isso, ele mostrou que, mesmo em meio à crise, é possível encontrar momentos de comunhão e esperança.

Além desses exemplos, a história de Jesus também ensina a importância de ter responsabilidade em outras áreas da liderança. Por exemplo, Jesus sempre foi um modelo de honestidade e transparência, nunca agindo de forma manipuladora ou enganosa. Em uma passagem do Evangelho de Lucas, Jesus afirma: "Seja, porém, a vossa palavra: Sim, sim; não, não; pois o que passa daí, vem do maligno" (Mateus 5:37). Essa afirmação mostra a importância de ser claro e objetivo na comunicação, especialmente em momentos de crise.

Outra lição importante que se pode tirar da história de Jesus é a necessidade de ter uma visão de longo prazo e estar preparado para enfrentar as consequências de suas ações. Por exemplo, Jesus sabia que sua mensagem de amor e compaixão poderia ser mal interpretada pelas autoridades religiosas e políticas de sua época, mesmo assim continuou a proclamá-la. Ele sabia que essa postura poderia ter consequências negativas para si mesmo, mas estava disposto a pagar o preço por suas convicções.

Essas lições da história de Jesus são extremamente relevantes para os líderes atuais, especialmente em momentos de crise. Em vez de buscar soluções rápidas e superficiais, é importante ter uma visão de longo prazo e estar disposto a assumir a responsabilidade por suas ações. Além disso, é essencial ser honesto e transparente na comunicação, evitando a manipulação e a enganação. Também é preciso manter uma postura firme e segura em momentos de incerteza e adversidade.

REFERÊNCIA BÍBLICA: MATEUS 26.36-46

Então Jesus foi com seus discípulos para um lugar chamado Getsêmani e disse-lhes: "Sentem-se aqui enquanto vou ali orar".

Levando consigo Pedro e os dois filhos de Zebedeu, começou a entristecer-se e a angustiar-se.

Disse-lhes então: "A minha alma está profundamente triste, numa tristeza mortal. Fiquem aqui e vigiem comigo".

Indo um pouco mais adiante, postou-se com o rosto em terra e orou: "Meu Pai, se for possível, afasta de mim este cálice; contudo, não seja como eu quero, mas sim como tu queres".

Então, voltou aos seus discípulos e os encontrou dormindo. "Vocês não puderam vigiar comigo nem por uma hora?", perguntou ele a Pedro.

"Vigiem e orem para que não caiam em tentação. O espírito está pronto, mas a carne é fraca".

E retirou-se outra vez para orar: "Meu Pai, se não for possível afastar de mim este cálice sem que eu o beba, faça-se a tua vontade".

Quando voltou, de novo os encontrou dormindo, porque seus olhos estavam pesados.

Então os deixou novamente e orou pela terceira vez, dizendo as mesmas palavras.

Depois voltou aos discípulos e lhes disse: "Vocês ainda dormem e descansam? Chegou a hora! Eis que o Filho do homem está sendo entregue nas mãos de pecadores.

Levantem-se e vamos! Aí vem aquele que me trai!".

54 TER AÇÃO E ESTRATÉGIA

Jesus é conhecido por suas ações transformadoras e pela estratégia que utilizou para disseminar sua mensagem por toda a região da Galileia e Jerusalém. Desde o início de seu ministério, Jesus demonstrou ser uma pessoa de ação, que não se contentava em apenas falar, mas colocava em prática suas palavras.

Jesus sabia que, para alcançar o maior número de pessoas possível, precisava de uma estratégia eficaz. Ele escolheu cuidadosamente seus discípulos, que o acompanharam em suas viagens e se tornaram seus principais aliados na disseminação da mensagem do Reino de Deus. Estabeleçam metas, tracem as rotas, as estratégias necessárias para alcançar os seus objetivos, e tenham iniciativa, façam.

PÍLULA:
TOME A FRENTE E, COM ESTRATÉGIA,
FAÇA O QUE DEVE SER FEITO.

Ter ação e estratégia são características importantes para qualquer líder, independentemente do ramo de atuação. Na história de Jesus Cristo, descrita na Bíblia, é possível observar diversas situações em que ele demonstrou essas habilidades, o que pode ser utilizado como exemplo para os líderes atuais.

Jesus foi um líder visionário, que tinha um objetivo claro em mente: propagar sua mensagem de amor e redenção para todas as pessoas. Para alcançar esse objetivo, ele traçou estratégias e agiu de forma estratégica em diversas ocasiões. Um exemplo disso pode ser visto quando ele enviou seus discípulos para espalhar sua mensagem, em vez de tentar fazê-lo sozinho. Ele sabia que, dessa forma, poderia alcançar mais pessoas e expandir sua mensagem com maior eficácia.

Outro exemplo de estratégia utilizada por Jesus foi durante a Última Ceia, quando ele previu a traição de Judas e tomou medidas para minimizar seus efeitos negativos. Ele sabia que Judas o trairia, mas decidiu não o expor publicamente, o que poderia gerar uma reação negativa dos demais discípulos e da população em geral. Em vez disso, ele agiu de forma sutil e estratégica, permitindo que a traição acontecesse sem causar maiores danos à sua missão.

Jesus também era um líder que agia com determinação e rapidez quando necessário. Quando soube que seu amigo Lázaro estava doente, por exemplo, ele não hesitou em ir até a casa dele para curá-lo, mesmo sabendo que isso poderia trazer problemas com as autoridades religiosas da época. Ele agiu com coragem e determinação, demonstrando que estava disposto a enfrentar as consequências de suas ações.

Essas habilidades de ação e estratégia são essenciais para os líderes atuais, especialmente em momentos de crise e incerteza. Saber tomar decisões rápidas e eficazes pode ser o diferencial entre o sucesso e o fracasso de uma empresa, organização ou projeto.

Além disso, a estratégia também é fundamental para alcançar objetivos de longo prazo. Um líder que não tem uma estratégia clara pode acabar perdendo-se em ações sem sentido, desperdiçando recursos e tempo. Por isso, é importante que os líderes atuais tenham uma visão clara do que desejam alcançar para conseguir traçar um plano estratégico para alcançar esses objetivos.

Por fim, a ação também é importante para manter a motivação da equipe. Quando os colaboradores percebem que o líder está engajado e agindo de forma decidida, eles tendem a se sentir mais motivados e confiantes em relação ao projeto. Por outro lado, um líder hesitante e indeciso pode gerar desconfiança e insegurança na equipe.

Em resumo, a história de Jesus Cristo pode ser uma inspiração para os líderes atuais em relação à importância de ter ação e estratégia. Jesus demonstrou diversas vezes essas habilidades em sua liderança, o que foi fundamental para o sucesso de sua missão. Os líderes atuais que desejam ter sucesso em seus projetos devem aprender com esses exemplos e buscar aprimorar essas habilidades.

REFERÊNCIA BÍBLICA: LUCAS 24.46-49

E lhes disse: "Está escrito que o Cristo haveria de sofrer e ressuscitar dos mortos no terceiro dia, e que em seu nome seria pregado o arrependimento para perdão de pecados a todas as nações, começando por Jerusalém.

Vocês são testemunhas destas coisas.

Eu lhes envio a promessa de meu Pai; mas fiquem na cidade até serem revestidos do poder do alto".

55 CRIAR LÍDERES

Identificar o potencial de quem está próximo, em adição, permitir que outros liderem, por meio de quatro passos: desafiar, falar claramente, levar consigo e moldar.

Uma das facetas mais marcantes da liderança de Jesus foi sua habilidade em formar outros líderes. Desde o início de seu ministério, ele selecionou discípulos que o acompanhavam, ensinavam e ajudavam a espalhar sua mensagem.

Os evangelhos nos dão vários exemplos de como Jesus moldou esses discípulos em líderes capazes de liderar e ensinar outros.

PÍLULA:
O LÍDER IDENTIFICA O POTENCIAL DE QUEM ESTÁ PRÓXIMO, ESCOLHENDO POR MEIO DE CRITÉRIO E BASEADO NOS VALORES.

A capacidade de criar líderes é uma habilidade importante para qualquer pessoa que deseja alcançar grandes feitos e construir algo duradouro. Na história de Jesus Cristo, podemos observar como Ele foi um líder extraordinário, que criou discípulos fortes e capacitados, capazes de levar adiante Sua mensagem e construir a igreja que se tornaria uma das maiores instituições do mundo.

Ao longo dos evangelhos, vemos Jesus escolhendo seus discípulos, ensinando-os e capacitando-os para liderar. Ele não apenas transmitia conhecimentos e habilidades, mas também modelava um estilo de vida que inspirava seus seguidores a segui-lo. Jesus dedicou tempo e esforço para desenvolver líderes, e isso foi fundamental para o sucesso de sua missão.

A importância de criar líderes é tão grande hoje quanto foi nos tempos de Jesus. Os líderes são essenciais para qualquer organização, seja ela uma empresa, uma igreja, uma instituição de caridade ou mesmo um governo. Sem líderes fortes, as organizações não podem crescer, se adaptar a mudanças ou enfrentar desafios com sucesso.

Criar líderes fortes começa com a identificação de talentos. Jesus escolheu seus discípulos com cuidado, buscando pessoas com as qualidades necessárias para liderar e cumprir sua missão. Ele não se importou com a condição social ou financeira de seus seguidores, mas sim com a qualidade de seus corações e suas habilidades naturais.

Após identificar os talentos, Jesus se dedicou a ensinar seus discípulos, dando-lhes o conhecimento e as habilidades necessárias para liderar. Ele foi um exemplo de liderança servidora, colocando as necessidades dos outros acima das suas próprias e trabalhando para construir relacionamentos saudáveis e significativos com seus discípulos.

Jesus também incentivou seus discípulos a colocar em prática o que aprenderam, dando-lhes responsabilidades e desafiando-os a liderar em diferentes situações. Ele deu-lhes autonomia e confiança para tomar decisões e colocar suas habilidades em prática.

Além disso, Jesus foi um modelo a seguir, vivendo o que ensinava. Ele mostrou a seus discípulos como ser um líder que se preocupa com as pessoas, que tem coragem e firmeza, que é resiliente e compassivo. Ao fazer isso, ele construiu líderes que eram capazes de continuar sua missão e de levar a mensagem do evangelho a todos os cantos do mundo.

Hoje, os líderes precisam seguir o exemplo de Jesus e dedicar tempo e esforço para criar outros líderes. Isso significa identificar talentos, ensinar e capacitar, dar autonomia e incentivar a colocar em prática o que foi aprendido. Significa ser um modelo a seguir, vivendo os valores e comportamentos que deseja ver em outros líderes.

Os líderes também devem ter a humildade para reconhecer que não têm todas as respostas e que outros podem ter ideias valiosas. Isso significa ouvir e valorizar as opiniões de seus liderados, criando um ambiente de colaboração e respeito mútuo.

REFERÊNCIA BÍBLICA: MATEUS 4.18-25

Andando à beira do mar da Galileia, Jesus viu dois irmãos: Simão, chamado Pedro, e seu irmão André. Eles estavam lançando redes ao mar, pois eram pescadores.

E disse Jesus: "Sigam-me, e eu os farei pescadores de homens".

No mesmo instante eles deixaram as suas redes e o seguiram.

Indo adiante, viu outros dois irmãos: Tiago, filho de Zebedeu, e João, seu irmão. Eles estavam num barco com seu pai, Zebedeu, preparando as suas redes. Jesus os chamou, e eles, deixando imediatamente o barco e seu pai, o seguiram.

Jesus foi por toda a Galileia, ensinando nas sinagogas deles, pregando as boas-novas do Reino e curando todas as enfermidades e doenças entre o povo.

Notícias sobre ele se espalharam por toda a Síria, e o povo lhe trouxe todos os que estavam padecendo vários males e tormentos: endemoninhados, epiléticos e paralíticos; e ele os curou.

Grandes multidões o seguiam, vindas da Galileia, Decápolis, Jerusalém, Judeia e da região do outro lado do Jordão.

CAPÍTULO 3
DIREÇÃO

56 DESENVOLVER AS PESSOAS

Jesus é conhecido como um líder que dedicou grande parte de seu tempo para desenvolver e treinar seus discípulos, preparando-os para assumir responsabilidades importantes em seu ministério e para liderar a Igreja que ele estava estabelecendo. Ao longo da história, essa abordagem de desenvolvimento de liderança tem sido estudada e aplicada em muitas organizações, e ainda é relevante e importante nos dias atuais.

A primeira etapa do desenvolvimento de liderança de Jesus foi a seleção cuidadosa de seus discípulos. Ele escolheu pessoas com uma variedade de antecedentes e habilidades, mas todos eles tinham um desejo de aprender e seguir seus ensinamentos. Ele passou tempo com eles, compartilhou sua sabedoria e ensinou-lhes como liderar, por exemplo. Ele também os incentivou a assumir responsabilidades e a tomar decisões, mesmo quando eles eram incertos ou cometiam erros.

PÍLULA:
NINGUÉM NASCE SABENDO E NÃO SE APRENDE TUDO NA UNIVERSIDADE OU EM CURSOS DE CAPACITAÇÃO.

Um exemplo notável do desenvolvimento da liderança de Jesus foi a preparação de Pedro para liderar a Igreja depois que ele deixasse a Terra. Pedro começou como um pescador simples, mas Jesus viu o potencial nele e o treinou para se tornar um líder forte e corajoso. Ele lhe deu *feedback* construtivo, encorajou-o a tomar riscos e a aprender com seus erros. Quando Jesus foi crucificado e ressuscitou, Pedro emergiu como um líder importante na Igreja Primitiva.

Outro exemplo foi a preparação de Paulo. Antes de se tornar um dos apóstolos mais influentes da Igreja, Paulo era um perseguidor de cristãos. No entanto, após um encontro com Jesus, ele se tornou um defensor do cristianismo. Paulo passou três anos em treinamento e desenvolvimento com os discípulos de Jesus antes de começar seu ministério. Durante esse tempo, ele aprendeu os ensinamentos de Jesus e se preparou para liderar a Igreja em suas viagens missionárias.

A abordagem de Jesus para o desenvolvimento de liderança incluía a combinação de ensinamento, treinamento e *feedback* para ajudar as pessoas a desenvolverem habilidades e confiança. Ele também encorajou seus discípulos a assumirem riscos e a aprender com seus erros. Essa abordagem de desenvolvimento de liderança é relevante para líderes modernos em todos os setores.

Os líderes modernos podem aprender com Jesus, selecionando cuidadosamente membros da equipe e dando-lhes oportunidades para assumir responsabilidades e tomar decisões. Eles podem oferecer treinamento e desenvolvimento para ajudar as pessoas a adquirirem habilidades e confiança. Eles também podem incentivar as pessoas a assumirem riscos e aprender com seus erros.

Além disso, os líderes modernos podem seguir o exemplo de Jesus, incentivando um ambiente de trabalho que promova o aprendizado contínuo, o *feedback* construtivo e a abertura a novas ideias. Ao desenvolver líderes em sua organização, os líderes modernos podem garantir que suas equipes sejam mais eficazes e estejam mais bem preparadas para lidar com desafios futuros.

Em resumo, o desenvolvimento de liderança de Jesus é um exemplo poderoso e relevante para líderes modernos em todos os âmbitos da vida, tanto pessoal quanto profissional.

REFERÊNCIA BÍBLICA: LUCAS 5:1-11

Certo dia Jesus estava perto do lago de Genesaré, e uma multidão o comprimia de todos os lados para ouvir a palavra de Deus.

Viu à beira do lago dois barcos, deixados ali pelos pescadores, que estavam lavando as suas redes.

Entrou num dos barcos, o que pertencia a Simão, e pediu-lhe que o afastasse um pouco da praia. Então sentou-se, e do barco ensinava o povo.

Tendo acabado de falar, disse a Simão: "Vá para onde as águas são mais fundas", e a todos: "Lancem as redes para a pesca".

Simão respondeu: "Mestre, esforçamo-nos a noite inteira e não pegamos nada. Mas, porque és tu quem está dizendo isto, vou lançar as redes".

Quando o fizeram, pegaram tal quantidade de peixe que as redes começaram a rasgar-se.

57 DAR O DRIVE TÉCNICO E ESTRATÉGICO

Jesus Cristo é o caminho, o caminho para o Pai, o caminho para a salvação; Jesus veio à Terra para nos mostrar como alcançar a vida eterna.

Segui-lo neste caminho significa que devemos andar como Ele andou, seguir seus passos, viver como Ele viveu.

"Entrai pela porta estreita; porque larga é a porta, e espaçoso o caminho que conduz à perdição, e muitos são os que entram por ela; e porque estreita é a porta, e apertado o caminho que leva à vida, e poucas há que a encontrem" (Mateus 7:13-14).

PÍLULA:
APRESENTE SUA VISÃO PARA A EQUIPE E DIRECIONE AS PESSOAS A ENVEREDAREM PELO MELHOR CAMINHO, SEJAM ELAS MENOS OU MAIS EXPERIENTES.

A liderança é uma tarefa desafiadora que requer uma ampla gama de habilidades e competências para lidar com diferentes situações e desafios. Uma das habilidades mais importantes que um líder deve ter é a capacidade de fornecer orientação técnica e estratégica para sua equipe, permitindo que eles alcancem seus objetivos de maneira eficaz. Ao longo da história, muitos líderes têm demonstrado essa habilidade, mas talvez o exemplo mais notável seja o de Jesus Cristo.

Na Bíblia, Jesus frequentemente se dedicou a ensinar seus discípulos e seguidores os princípios e técnicas necessárias para atingir seus objetivos. Ele ensinou por meio de histórias, parábolas e exemplos práticos, dando a seus seguidores o conhecimento necessário para ter sucesso em sua missão.

Um exemplo claro de Jesus fornecendo orientação técnica e estratégica é quando ele enviou seus discípulos em missão para pregar a palavra de Deus. Ele lhes deu instruções detalhadas sobre como se comportar em diversas situações e como abordar diferentes tipos de pessoas. Ele também os orientou a viajar em pares para aumentar sua eficácia e a não se preocupar com coisas materiais, mas sim com a mensagem que estavam transmitindo.

Outro exemplo é quando Jesus ajudou Pedro, um de seus discípulos, a pescar uma grande quantidade de peixes. Ele instruiu Pedro a lançar as redes em um local específico e, quando o fez, Pedro teve uma captura excepcional. Isso demonstra a habilidade de Jesus em fornecer orientação técnica e estratégica, permitindo que outros alcançassem seus objetivos.

Esses exemplos de Jesus mostram a importância de fornecer orientação técnica e estratégica aos membros da equipe. Quando os líderes fornecem esse tipo de orientação, eles capacitam suas equipes a trabalharem de forma mais eficiente e eficaz, aumentando assim a produtividade e a realização de seus objetivos.

Além disso, a habilidade de fornecer orientação técnica e estratégica é particularmente importante em setores de negócios altamente competitivos, nos quais as equipes precisam estar sempre um passo à frente da concorrência. Nesses casos, líderes eficazes precisam ter conhecimento especializado e habilidades de planejamento para garantir que sua equipe esteja tomando as melhores decisões possíveis.

Os líderes também precisam ter a capacidade de identificar e desenvolver as habilidades dos membros de sua equipe, de forma que eles possam contribuir mais efetivamente. Jesus Cristo fez isso com seus discípulos, ajudando-os a desenvolver habilidades de liderança para que eles pudessem continuar a expandir a mensagem de Deus após sua morte.

Os líderes atuais também devem ter a capacidade de identificar e desenvolver o potencial de seus membros da equipe. Isso pode ser feito por meio de programas de treinamento, *workshops* e *mentoring*. Quando os líderes investem no desenvolvimento de sua equipe, eles criam um ambiente de trabalho positivo e produtivo, no qual cada membro da equipe é capaz de contribuir de forma significativa para o sucesso geral.

REFERÊNCIA BÍBLICA: MATEUS 4.18-25

Andando à beira do mar da Galileia, Jesus viu dois irmãos: Simão, chamado Pedro, e seu irmão André. Eles estavam lançando redes ao mar, pois eram pescadores.

E disse Jesus: "Sigam-me, e eu os farei pescadores de homens".
No mesmo instante eles deixaram as suas redes e o seguiram.

Indo adiante, viu outros dois irmãos: Tiago, filho de Zebedeu, e João, seu irmão. Eles estavam num barco com seu pai, Zebedeu, preparando as suas redes. Jesus os chamou, e eles, deixando imediatamente o barco e seu pai, o seguiram.

Jesus foi por toda a Galileia, ensinando nas sinagogas deles, pregando as boas-novas do Reino e curando todas as enfermidades e doenças entre o povo.

Notícias sobre ele se espalharam por toda a Síria, e o povo lhe trouxe todos os que estavam padecendo vários males e tormentos: endemoninhados, epiléticos e paralíticos; e ele os curou.

Grandes multidões o seguiam, vindas da Galileia, Decápolis, Jerusalém, Judeia e da região do outro lado do Jordão.

58 CUIDAR DAS PESSOAS

Cuidar das pessoas é uma das características mais marcantes da vida e do ministério de Jesus Cristo. Em toda a sua trajetória na Terra, ele dedicou sua vida para ajudar e cuidar das pessoas, em especial daquelas que mais precisavam.

Ao longo da Bíblia, encontramos diversos exemplos de Jesus cuidando das pessoas, desde curando os enfermos até alimentando os famintos. Ele sempre teve empatia e compaixão pelos necessitados, e sempre procurou oferecer-lhes apoio e cuidado.

> **PÍLULA:**
> **RECONHEÇA A NECESSIDADE DE CADA UM E OS AJUDE, INDEPENDENTEMENTE DE QUEM SEJA E DE QUAL SEJA A DIFICULDADE, TENDO COMPAIXÃO COM TODOS.**

Cuidar das pessoas é uma das habilidades mais importantes que um líder pode ter. Essa habilidade implica estar atento às necessidades das pessoas sob sua liderança, não apenas como funcionários, mas como seres humanos completos com suas emoções, preocupações e desejos.

Ao olharmos para a história de Jesus Cristo, encontramos um líder que sempre se preocupou com as pessoas à sua volta. Em suas ações e ensinamentos, ele demonstrou amor e compaixão pelas pessoas, cuidando delas de maneira física, emocional e espiritual. Um exemplo claro disso pode ser visto em sua cura de enfermos, sua alimentação dos famintos e sua disposição de ensinar e orientar aqueles que o seguiam.

Um exemplo marcante do cuidado de Jesus pelos seus seguidores é a narrativa bíblica da multiplicação dos pães e peixes. Nessa história, Jesus percebe que a multidão de pessoas que o segue está cansada e com fome. Em vez de ignorar essa necessidade, Ele se preocupa e se movimenta para fornecer alimento para as pessoas. Ele usa o que tem disponível – cinco pães e dois peixes – e os multiplica para alimentar a multidão, cuidando de suas necessidades físicas e emocionais.

Ao cuidar das pessoas, Jesus não apenas atendeu às suas necessidades imediatas, mas também criou uma conexão emocional, mostrando-lhes que se importava com elas como indivíduos. Isso resultou em uma conexão mais forte entre ele e seus seguidores, criando uma base sólida para a construção de relacionamentos duradouros.

Na liderança atual, a importância de cuidar das pessoas ainda é muito relevante. Um líder que se importa com o bem-estar de seus funcionários demonstra que valoriza as pessoas como seres humanos, e não apenas como recursos para atingir objetivos organizacionais. Esse tipo de liderança cria um ambiente de trabalho mais positivo, motivando os funcionários a serem mais engajados e produtivos. Além disso, quando os funcionários se sentem cuidados e valorizados, eles tendem a permanecer mais tempo na empresa, reduzindo a rotatividade e os custos de contratação e treinamento.

Cuidar das pessoas também envolve o desenvolvimento pessoal e profissional delas. Assim como Jesus treinou e desenvolveu seus discípulos, um líder atual deve investir no desenvolvimento de seus funcionários, oferecendo oportunidades de aprendizado e crescimento. Isso não apenas aumenta a habilidade dos funcionários de realizar seu trabalho, mas também aumenta a autoconfiança e satisfação no trabalho.

Porém, cuidar das pessoas não é apenas fornecer recursos e treinamento. É também ouvir e estar aberto a suas preocupações e ideias. Um líder que ouve seus funcionários e leva suas preocupações a sério cria um ambiente de trabalho mais positivo, que incentiva a colaboração e a inovação. Isso permite que a empresa se adapte às mudanças de mercado e se mantenha relevante em longo prazo.

REFERÊNCIA BÍBLICA: MATEUS 8.1-16

Quando ele desceu do monte, grandes multidões o seguiram.

Um leproso, aproximando-se, adorou-o de joelhos e disse: "Senhor, se quiseres, podes purificar-me!".

Jesus estendeu a mão, tocou nele e disse: "Quero. Seja purificado!". Imediatamente ele foi purificado da lepra.

Em seguida Jesus lhe disse: "Olhe, não conte isso a ninguém. Mas vá mostrar-se ao sacerdote e apresente a oferta que Moisés ordenou, para que sirva de testemunho".

Entrando Jesus em Cafarnaum, dirigiu-se a ele um centurião, pedindo-lhe ajuda.

E disse: "Senhor, meu servo está em casa, paralítico, em terrível sofrimento".

Jesus lhe disse: "Eu irei curá-lo".

Respondeu o centurião: "Senhor, não mereço receber-te debaixo do meu teto. Mas dize apenas uma palavra, e o meu servo será curado.

Pois eu também sou homem sujeito à autoridade, com soldados sob o meu comando. Digo a um: 'Vá', e ele vai; e a outro: 'Venha', e ele vem. Digo a meu servo: 'Faça isto', e ele faz".

O GALILEU

Ao ouvir isso, Jesus admirou-se e disse aos que o seguiam: "Digo-lhes a verdade: Não encontrei em Israel ninguém com tamanha fé.

Eu lhes digo que muitos virão do Oriente e do Ocidente, e se sentarão à mesa com Abraão, Isaque e Jacó no Reino dos céus.

Mas os súditos do Reino serão lançados para fora, nas trevas, onde haverá choro e ranger de dentes".

Então Jesus disse ao centurião: "Vá! Como você creu, assim lhe acontecerá!". Na mesma hora o seu servo foi curado.

Entrando Jesus na casa de Pedro, viu a sogra deste de cama, com febre.

Tomando-a pela mão, a febre a deixou, e ela se levantou e começou a servi-lo.

Ao anoitecer foram trazidos a ele muitos endemoninhados, e ele expulsou os espíritos com uma palavra e curou todos os doentes.

59 IDENTIFICAR POTENCIAIS

Jesus Cristo é um exemplo de líder que identificou e desenvolveu potenciais em seus discípulos. Na Bíblia, encontramos diversas histórias em que Jesus observa as pessoas ao seu redor e as incentiva a descobrir seus talentos e habilidades, a fim de que possam usá-los para o bem comum. Precisamos identificar o potencial de cada pessoa e as colocar na posição correta para que elas possam florescer.

Jesus identificou os potenciais de cada um de seus discípulos e os incentivou a desenvolvê-los. Ele viu em Pedro o potencial de liderança e o encorajou a ser um líder forte e corajoso. Ele viu em João o potencial de amor e cuidado, e o encorajou a ser um amigo fiel e companheiro de todos. Ele viu em Judas o potencial de ser um bom administrador, mas lamentavelmente ele não soube aplicar esse potencial de forma correta.

**PÍLULA:
NEM SEMPRE AS MELHORES PESSOAS PARA A EQUIPE SÃO AS QUE TÊM A EXPERIÊNCIA E CONHECIMENTO ADEQUADOS, É PRECISO ENXERGAR ALÉM DO QUE ESTÁ APARENTE.**

Identificar potenciais é uma habilidade essencial para qualquer líder que deseja alcançar o sucesso e desenvolver sua equipe. Essa habilidade é tão importante que até mesmo Jesus Cristo, conforme descrito na Bíblia, aplicou esse princípio ao escolher seus discípulos. Neste texto, exploraremos a importância de identificar potenciais e como isso pode ser aplicado na liderança atual.

Em seu ministério, Jesus Cristo escolheu doze homens para serem seus discípulos. Ele não selecionou os mais ricos, sábios ou influentes, mas escolheu homens simples e comuns que ele sabia que tinham potencial. Jesus identificou qualidades em cada um deles, que os tornariam bons líderes, e trabalhou para desenvolver essas habilidades.

Pedro, por exemplo, era impulsivo e às vezes impensado, mas Jesus viu nele a capacidade de liderar e de ser um defensor da fé. Ele o ajudou a canalizar essa energia em algo mais produtivo e, ao longo do tempo, Pedro se tornou um líder respeitado na igreja primitiva.

Da mesma forma, Jesus identificou o potencial de João como um líder amoroso e compassivo, e ajudou-o a desenvolver essas habilidades. João se tornou conhecido como o "discípulo amado" e seus escritos sobre o amor de Deus ainda são lidos hoje.

Essa habilidade de identificar potenciais é igualmente importante para os líderes atuais. Identificar o potencial em sua equipe pode ajudá-lo a construir um time forte e diversificado, que pode enfrentar qualquer desafio. No entanto, muitos líderes têm dificuldade em identificar potenciais, muitas vezes porque estão muito focados nas habilidades técnicas e acadêmicas de um candidato em potencial.

Para identificar potenciais, é importante olhar além das habilidades técnicas e acadêmicas e ver o potencial de liderança e outras habilidades que podem não ser óbvias em uma primeira impressão. Algumas maneiras de fazer isso incluem:

Observar o comportamento - observe como um candidato em potencial age em diferentes situações, como sob pressão ou em situações de conflito. Isso pode ajudá-lo a entender como ele reage a diferentes desafios e se ele tem habilidades interpessoais que são importantes em um líder;

Perguntar sobre experiências anteriores - pergunte sobre experiências anteriores que um candidato em potencial teve que envolvam liderança ou resolução de problemas. Isso pode ajudá-lo a entender como ele lida com desafios e se ele tem habilidades de liderança e de tomada de decisão;

Avaliar habilidades sociais - avalie as habilidades sociais de um candidato em potencial, como comunicação, empatia e colaboração. Essas habilidades são cruciais para a construção de um ambiente de trabalho positivo e produtivo;

Propor desafios - proponha desafios para um candidato em potencial e veja como ele responde. Isso pode ajudá-lo a avaliar suas habilidades de resolução de problemas e sua capacidade de se adaptar a novas situações.

Ao identificar potenciais em sua equipe, você pode ajudar seus funcionários a alcançarem seus objetivos.

REFERÊNCIA BÍBLICA: LUCAS 5.27-28

Depois disso, Jesus saiu e viu um publicano chamado Levi, sentado na coletoria, e disse-lhe: "Siga-me".
Levi levantou-se, deixou tudo e o seguiu.

60 DELEGAR

Quando delegamos responsabilidades, permitimos que outras pessoas nos representem em determinadas situações.

Jesus Cristo identificou potenciais em seus discípulos e deu a eles a oportunidade de desenvolver esses talentos, delegando-lhes tarefas importantes. Um exemplo disso é Pedro, que Jesus escolheu para liderar a Igreja depois de sua morte e ressurreição. Pedro era um pescador comum antes de conhecer Jesus, mas ao longo de seu tempo como discípulo, Jesus o preparou para liderar os outros.

Se delegarmos com sabedoria, e aceitar quando tarefas são delegadas a nós, seremos muito mais capazes de trabalhar em harmonia, com rapidez e eficiência.

PÍLULA:
ESCOLHA AS PESSOAS CERTAS E, EM UM GRUPO REDUZIDO, CRIE BASES PARA REPLICAR AOS DEMAIS, DA SEGUINTE FORMA: INSTRUIR; DEFINIR E ALINHAR O OBJETIVO; DAR OS RECURSOS NECESSÁRIOS; GARANTIR CONDIÇÕES E A CONVICÇÃO REQUERIDAS PARA AGIR.

Delegar é uma habilidade importante para qualquer líder. Quando uma tarefa é delegada a outra pessoa, ela ganha autonomia e responsabilidade, enquanto o líder pode se concentrar em outras questões importantes. Embora seja uma habilidade importante, muitos líderes têm dificuldade em delegar, seja por medo de perder o controle ou por acreditar que podem fazer melhor.

A história de Jesus Cristo na Bíblia nos fornece exemplos claros de como ele delegava responsabilidades a seus discípulos. Em várias ocasiões, Jesus os instruía a realizar tarefas específicas, confiando neles para completá-las com sucesso.

Por exemplo, em João 21:15-17, Jesus delega a Pedro a responsabilidade de cuidar do seu rebanho. Pedro havia negado Jesus três vezes durante a prisão e o julgamento de Jesus, mas Jesus ainda confiou nele para liderar a Igreja em seu nome.

Outro exemplo ocorre em Mateus 10:1-4, quando Jesus chama seus discípulos e lhes dá autoridade para curar doenças, expulsar demônios e pregar a palavra de Deus. Essa autoridade foi delegada a eles para continuar a obra de Jesus após a sua partida.

Ao delegar, Jesus demonstrou confiança em seus discípulos e capacitou-os para realizar tarefas importantes. Essa abordagem de liderança permitiu que seus discípulos crescessem e desenvolvessem suas habilidades de liderança.

Nos dias atuais, os líderes também precisam delegar responsabilidades para garantir o sucesso de suas equipes e organizações. Ao delegar, um líder pode dar aos membros da equipe a oportunidade de aprender e desenvolver novas habilidades. Isso aumenta a motivação, o engajamento e o senso de responsabilidade dos membros da equipe, além de liberar tempo para o líder se concentrar em outras questões.

No entanto, delegar não significa simplesmente atribuir tarefas a outras pessoas e esquecer-se delas. É importante para o líder estabelecer expectativas claras e comunicar essas expectativas de maneira eficaz. Além disso, o líder deve estar disponível para fornecer orientação, *feedback* e suporte aos membros da equipe quando necessário.

Outro aspecto importante da delegação é escolher a pessoa certa para a tarefa certa. Identificar os pontos fortes de cada membro da equipe pode ajudar o líder a atribuir as tarefas mais adequadas e garantir que os membros da equipe possam desempenhar seu melhor papel.

Além disso, a delegação também pode ser uma ferramenta eficaz para o desenvolvimento de liderança. Quando um líder delega tarefas a membros da equipe, ele pode fornecer *feedback* construtivo e orientação para ajudá-los a crescer e desenvolver suas habilidades de liderança.

Em resumo, delegar é uma habilidade importante para qualquer líder que deseja maximizar a eficiência da equipe e liberar tempo para outras questões importantes. A história de Jesus Cristo na Bíblia fornece exemplos claros de como a delegação pode ser usada com sucesso em uma abordagem de liderança. Os líderes atuais podem aprender com esses exemplos e incorporar a delegação nas próprias práticas de liderança para maximizar o potencial de seus liderados.

REFERÊNCIA BÍBLICA: MARCOS 3.13-19

Jesus subiu a um monte e chamou a si aqueles que ele quis, os quais vieram para junto dele.

Escolheu doze, designando-os como apóstolos, para que estivessem com ele, os enviasse a pregar e tivessem autoridade para expulsar demônios.

Estes são os doze que ele escolheu: Simão, a quem deu o nome de Pedro; Tiago, filho de Zebedeu, e João, seu irmão, aos quais deu o nome de Boanerges, que significa filhos do trovão; André; Filipe; Bartolomeu; Mateus; Tomé; Tiago, filho de Alfeu; Tadeu; Simão, o zelote, e Judas Iscariotes, que o traiu.

61 ESCOLHER COM CRITÉRIO

A escolha para delegação precisa ser feita com critério, não buscando quem seja igual, mas pessoas que o complementam. Deve-se refletir e escolher a dedo pessoas que possuam química dentre quem está próximo, dando-lhes: responsabilidade, liberdade, poder e autoridade para suas funções.

Quando Jesus foi escolher os apóstolos, Ele precisou escolher com cuidado cada um deles, pois eles fariam parte de plano muito maior no futuro.

PÍLULA:
ENTRE AS PRINCIPAIS HABILIDADES QUE O LÍDER "IDEAL" DEVE TER, ESTÃO: HONESTIDADE, CAPACIDADE ORGANIZACIONAL, DINAMISMO, PROATIVIDADE, PODER DE CONCENTRAÇÃO, CONFIANÇA, BOA COMUNICAÇÃO, SENSO DE HUMOR APURADO, COMPROMETIMENTO E, CLARO, ELE DEVE SABER DELEGAR RESPONSABILIDADES COM EFICIÊNCIA.

A escolha com critério é uma habilidade essencial para a liderança eficaz, pois um líder pode ser tão bom quanto as pessoas que o cercam. A história de Jesus Cristo, descrita na Bíblia, apresenta vários exemplos de como Ele escolheu com critério seus discípulos e colaboradores, e essa lição pode ser aplicada para a vida dos líderes atuais.

Um exemplo de escolha criteriosa de Jesus é a seleção dos seus doze discípulos. A Bíblia nos conta que Jesus passou a noite toda em oração antes de escolher os doze (Lucas 6:12-16). Ele escolheu homens simples e humildes, como pescadores e coletores de impostos, que se tornaram seus mais próximos colaboradores e ajudaram a difundir sua mensagem pelo mundo. Jesus não escolheu com base em riqueza, status social ou conhecimento acadêmico, mas sim com base na sua intuição e sabedoria divina.

Outro exemplo da escolha criteriosa de Jesus é a história de Marta e Maria (Lucas 10:38-42). Jesus visitou a casa das irmãs e, enquanto Marta estava preocupada com as tarefas domésticas, Maria se sentou aos pés de Jesus para ouvir suas palavras. Jesus elogiou Maria por escolher a melhor parte, ou seja, ouvir e aprender com ele. Esse exemplo mostra que Jesus escolheu as pessoas certas para ouvir suas palavras e aprender com ele, independentemente das suas responsabilidades ou papéis sociais.

Os líderes atuais podem aprender muito com esses exemplos de escolha criteriosa de Jesus. Em primeiro lugar, é importante selecionar as pessoas com base em suas habilidades, valores e potencial de crescimento, em vez de status social, amizade ou outros fatores superficiais. É importante também ter um processo de seleção cuidadoso, com base em critérios claros e objetivos. Além disso, é importante ouvir a intuição e a sabedoria divina na hora de escolher colaboradores e membros da equipe.

Também é importante escolher com critério as responsabilidades e tarefas que são delegadas aos membros da equipe. Cada pessoa tem habilidades e pontos fortes diferentes, e é importante identificar essas habilidades e atribuir tarefas de acordo com elas. Isso permite que cada pessoa contribua da melhor maneira possível, aumentando a eficiência e a produtividade da equipe.

Outra lição importante que podemos aprender com Jesus é a importância de ouvir e aprender. Como líderes, precisamos estar dispostos a ouvir a opinião e os conselhos dos outros, especialmente daqueles que têm experiência e conhecimento em áreas específicas. Além disso, precisamos estar dispostos a aprender com nossos próprios erros e com as experiências dos outros. Isso nos ajuda a crescer como líderes e a liderar com mais sabedoria e discernimento.

Em resumo, a escolha criteriosa é uma habilidade fundamental para a liderança eficaz. A história de Jesus Cristo, descrita na Bíblia, apresenta vários exemplos de como ele escolheu cuidadosamente seus discípulos e colaboradores, e essa lição pode ser aplicada para a vida dos líderes atuais.

REFERÊNCIA BÍBLICA: MATEUS 10.1-15

Chamando seus doze discípulos, deu-lhes autoridade para expulsar espíritos imundos e curar todas as doenças e enfermidades.

Estes são os nomes dos doze apóstolos: primeiro, Simão, chamado Pedro, e André, seu irmão; Tiago, filho de Zebedeu, e João, seu irmão; Filipe e Bartolomeu; Tomé e Mateus, o publicano; Tiago, filho de Alfeu, e Tadeu; Simão, o zelote, e Judas Iscariotes, que o traiu.

Jesus enviou estes doze com as seguintes instruções: "Não se dirijam aos gentios, nem entrem em cidade alguma dos samaritanos.

Antes, dirijam-se às ovelhas perdidas de Israel.

Por onde forem, preguem esta mensagem: 'O Reino dos céus está próximo'.

Curem os enfermos, ressuscitem os mortos, purifiquem os leprosos, expulsem os demônios. Vocês receberam de graça; deem também de graça.

Não levem nem ouro, nem prata, nem cobre em seus cintos; não levem nenhum saco de viagem, nem túnica extra, nem sandálias, nem bordão; pois o trabalhador é digno do seu sustento.

Na cidade ou povoado em que entrarem, procurem alguém digno de recebê-los, e fiquem em sua casa até partirem.

Ao entrarem na casa, saúdem-na.

Se a casa for digna, que a paz de vocês repouse sobre ela; se não for, que a paz retorne para vocês.

Se alguém não os receber nem ouvir suas palavras, sacudam a poeira dos pés, quando saírem daquela casa ou cidade.

Eu lhes digo a verdade: No dia do juízo haverá menor rigor para Sodoma e Gomorra do que para aquela cidade".

62 DAR CONDIÇÕES

Jesus foi um exemplo de líder que se preocupava não apenas com as próprias ações, mas também com o desenvolvimento e crescimento dos seus seguidores. Ele não apenas ensinava e treinava seus discípulos, mas também lhes dava condições para que pudessem desempenhar suas funções com excelência. Em outras palavras, Jesus não apenas delegava tarefas, mas também dava recursos e suporte necessários para que seus discípulos pudessem realizar suas atividades com sucesso.

**PÍLULA:
A MELHOR FORMA DE DELEGAR É DESENVOLVENDO AS PESSOAS, DANDO-LHES CONDIÇÕES CONFORME OS PASSOS: MOTIVAÇÃO, CONCESSÃO, DELEGAÇÃO, COMUNICAÇÃO E AVALIAÇÃO.**

Dar condições para que as pessoas se desenvolvam é uma das principais responsabilidades de um líder. Ao fornecer os recursos necessários para que seus liderados alcancem seus objetivos e atinjam todo o seu potencial, o líder cria um ambiente de sucesso e crescimento mútuo. Essa prática é uma das principais lições ensinadas por Jesus Cristo, que, durante sua passagem pela Terra, se dedicou a capacitar seus discípulos e seguidores para que pudessem continuar sua missão após sua partida.

Na Bíblia, podemos encontrar diversos exemplos da importância que Jesus dava ao desenvolvimento das pessoas ao seu redor. Um dos principais exemplos disso foi quando ele decidiu escolher seus doze discípulos. Jesus escolheu homens simples e comuns para serem seus seguidores, mas sabia que eles tinham potencial para se tornarem grandes líderes em sua missão de propagar a mensagem do evangelho. Ele dedicou tempo para treiná-los, ensiná-los e prepará-los para que pudessem levar adiante sua obra após sua morte e ressurreição.

Outro exemplo marcante foi quando Jesus multiplicou os pães e peixes para alimentar a multidão que o seguia. Ele poderia ter simplesmente alimentado as pessoas, mas decidiu usar a situação para ensinar seus discípulos sobre a importância de fornecer as condições necessárias para as pessoas. Jesus pediu a seus discípulos que procurassem entre a multidão algo para comer, mesmo sabendo que eles não teriam o suficiente para alimentar todo mundo. Em seguida, Jesus multiplicou o pouco que tinham, provando que, quando colocamos nossa confiança em Deus, podemos alcançar coisas que parecem impossíveis.

Esses exemplos nos mostram que Jesus não apenas se preocupava com as necessidades imediatas das pessoas, mas também com seu desenvolvimento em longo prazo. Ele sabia que, para que seus discípulos pudessem continuar sua obra após sua partida, precisavam ser capacitados e ter as condições necessárias para isso. Da mesma forma, os líderes atuais precisam entender a importância de dar condições a seus liderados para que possam crescer e alcançar todo o seu potencial.

Dar condições pode significar fornecer recursos financeiros, equipamentos, treinamentos, apoio emocional, *feedback* construtivo, entre outras coisas. É responsabilidade do líder entender as necessidades de seus liderados e trabalhar para fornecer o que for necessário para que eles possam ter sucesso. Quando os liderados sentem que têm o apoio e suporte de seus líderes, eles se tornam mais motivados e engajados em alcançar seus objetivos.

Além disso, quando os líderes dão condições para que seus liderados cresçam e se desenvolvam, eles estão criando um ambiente de aprendizado e inovação. Pessoas que se sentem apoiadas e capacitadas têm mais chances de experimentar e tentar coisas novas, o que pode levar a novas ideias e soluções inovadoras para os desafios enfrentados pela organização.

Em resumo, dar condições para que as pessoas se desenvolvam é fundamental para o sucesso de qualquer equipe ou organização.

REFERÊNCIA BÍBLICA: MARCOS 11

Quando se aproximaram de Jerusalém e chegaram a Betfagé e Betânia, perto do monte das Oliveiras, Jesus enviou dois de seus discípulos, dizendo-lhes: "Vão ao povoado que está adiante de vocês; logo que entrarem, encontrarão um jumentinho amarrado, no qual ninguém jamais montou. Desamarrem-no e tragam-no aqui.

Se alguém lhes perguntar: 'Por que vocês estão fazendo isso?' digam-lhe: 'O Senhor precisa dele e logo o devolverá'".

63 PREVENÇÃO SOBRE OS RISCOS

Alertar as pessoas, prevenindo e instruindo sobre como lidar com os problemas, sendo capaz de prevê-los, motivando-as a seguirem em frente rumo ao alcance do resultado. Além disso, é preciso lembrá-las do seu contínuo estado de aprendizado.

Jesus Cristo é conhecido por sua sabedoria e visão de futuro, e essa habilidade de prevenir riscos também faz parte de sua trajetória como líder. Em sua vida terrena, Jesus muitas vezes antecipou os perigos que poderiam surgir e tomou medidas para evitá-los.

PÍLULA:
GASTE MAIS TEMPO TREINANDO E PLANEJANDO DO QUE APAGANDO INCÊNDIOS.

A prevenção de riscos é uma habilidade essencial para qualquer líder responsável, e pode ser vista como uma forma de antecipar e lidar com possíveis problemas antes que eles se tornem crises. Ao longo da história, líderes que foram capazes de prevenir riscos e antecipar problemas foram capazes de alcançar grandes conquistas e evitar grandes fracassos. Na Bíblia, a história de Jesus Cristo é rica em exemplos de como ele usou sua sabedoria para prevenir riscos e antecipar problemas.

Uma das histórias mais conhecidas da Bíblia que ilustra essa habilidade de prevenção de riscos é a parábola das dez virgens, que é contada no livro de Mateus. Na história, dez virgens estão esperando a chegada do noivo para o casamento. Cinco delas foram sábias e levaram óleo extra para suas lâmpadas, enquanto as outras cinco foram tolas e não levaram óleo extra. Como o noivo atrasou, as lâmpadas das virgens tolas ficaram sem óleo, e elas tiveram que sair para comprar mais. Enquanto isso, o noivo chegou e as cinco virgens sábias entraram na festa do casamento com ele, enquanto as virgens tolas ficaram do lado de fora.

Nessa história, Jesus Cristo está ensinando a importância de se prevenir para o futuro, mesmo que pareça que tudo está sob controle no momento presente. As virgens sábias anteciparam o atraso do noivo e se prepararam com o óleo extra, enquanto as virgens tolas não fizeram isso e acabaram ficando de fora da festa. Essa parábola é uma lição para todos os líderes sobre a importância de se antecipar aos problemas e se preparar para o futuro.

Outra história importante que ilustra a habilidade de prevenção de riscos de Jesus é a história de quando ele se retirou para orar sozinho antes de escolher seus doze apóstolos. Em Lucas 6:12-13, a Bíblia diz: "Naqueles dias, Jesus foi à montanha para orar e passou a noite orando a Deus. Quando amanheceu, chamou seus discípulos e escolheu doze deles, a quem deu o nome de apóstolos". Nessa história, Jesus está mostrando a importância de tomar decisões com sabedoria e oração, em vez de agir impulsivamente.

Essa habilidade de prevenção de riscos é especialmente importante para líderes que estão enfrentando situações complexas e desafiadoras, nas quais as decisões erradas podem ter consequências graves. Os líderes precisam ser capazes de antecipar os possíveis desdobramentos de suas decisões e tomar medidas preventivas para minimizar os riscos e maximizar as chances de sucesso. Isso pode incluir a realização de análises de risco, consultas a especialistas, a criação de planos de contingência e a implementação de medidas de segurança.

Além disso, a prevenção de riscos também envolve a construção de uma cultura organizacional que valoriza a segurança e a prevenção.

REFERÊNCIA BÍBLICA: MATEUS 10.16-33

"*Eu os estou enviando como ovelhas entre lobos. Portanto, sejam prudentes como as serpentes e simples como as pombas.*

Tenham cuidado, pois os homens os entregarão aos tribunais e os açoitarão nas sinagogas deles.

Por minha causa, vocês serão levados à presença de governadores e reis como testemunhas a eles e aos gentios.

Mas quando os prenderem, não se preocupem quanto ao que dizer, ou como dizer. Naquela hora lhes será dado o que dizer, pois não serão vocês que estarão falando, mas o Espírito do Pai de vocês falará por intermédio de vocês.

O irmão entregará à morte o seu irmão, e o pai o seu filho; filhos se rebelarão contra seus pais e os matarão.

Todos odiarão vocês por minha causa, mas aquele que perseverar até o fim será salvo.

Quando forem perseguidos num lugar, fujam para outro. Eu lhes garanto que vocês não terão percorrido todas as cidades de Israel antes que venha o Filho do homem.

O discípulo não está acima do seu mestre, nem o servo acima do seu senhor.

Basta ao discípulo ser como o seu mestre, e ao servo, como o seu senhor. Se o dono da casa foi chamado Belzebu, quanto mais os membros da sua família!

Portanto, não tenham medo deles. Não há nada escondido que não venha a ser revelado, nem oculto que não venha a se tornar conhecido.

O que eu lhes digo na escuridão, falem à luz do dia; o que é sussurrado em seus ouvidos, proclamem dos telhados.

Não tenham medo dos que matam o corpo, mas não podem matar a alma. Antes, tenham medo daquele que pode destruir tanto a alma como o corpo no inferno.

Não se vendem dois pardais por uma moedinha? Contudo, nenhum deles cai no chão sem o consentimento do Pai de vocês.

Até os cabelos da cabeça de vocês estão todos contados.

Portanto, não tenham medo; vocês valem mais do que muitos pardais!

Quem, pois, me confessar diante dos homens, eu também o confessarei diante do meu Pai que está nos céus.

Mas aquele que me negar diante dos homens, eu também o negarei diante do meu Pai que está nos céus".

64 CONFORTAR AS PESSOAS

A importância de consolar os outros é algo que é frequentemente enfatizado nas Escrituras, e é uma habilidade valiosa para líderes e indivíduos em todas as áreas da vida.

Ao longo de sua vida, Jesus encontrou muitas pessoas que estavam sofrendo. Ele curou os doentes, alimentou os famintos e acolheu os marginalizados. Em muitos casos, Ele ofereceu palavras de consolo e conforto para aqueles que estavam lutando.

Jesus se preocupava com as pessoas e sua dor, e oferecia palavras de encorajamento e esperança em momentos difíceis.

**PÍLULA:
DÊ ABERTURA PARA AS PESSOAS BUSCAREM
AJUDA E APOIO, DANDO A CONFIANÇA E SENDO COMPREENSIVO
NAS SUAS DIFICULDADES, ATRIBUINDO PAPÉIS E TAREFAS
A CADA UM CONFORME A SUA CAPACIDADE.**

Dar consolo é uma das atitudes mais nobres que uma pessoa pode ter para ajudar outras em momentos difíceis. Essa é uma das características que fizeram de Jesus Cristo um líder tão inspirador e importante na história da humanidade. Seu exemplo de empatia, compaixão e acolhimento é um modelo a ser seguido por líderes em todos os campos, incluindo o mundo dos negócios, da política e da sociedade em geral.

Ao longo de sua vida, Jesus se dedicou a cuidar e confortar aqueles que sofriam. Ele acolheu os enfermos, os pobres e os marginalizados, oferecendo-lhes amor e compaixão. Ele ouviu suas histórias, secou suas lágrimas e ofereceu esperança em momentos de desespero. Sua mensagem de amor e conforto foi capaz de transformar vidas e trazer paz a corações aflitos.

A importância de dar consolo é tão relevante hoje quanto na época em que Jesus viveu. As pessoas enfrentam desafios diários em suas vidas pessoais e profissionais, e muitas vezes precisam de apoio emocional para superar obstáculos. Os líderes que têm a capacidade de oferecer conforto e apoio aos seus colaboradores são capazes de criar um ambiente de trabalho mais saudável e produtivo.

Um líder que oferece consolo é alguém que entende a importância da empatia e da compaixão. Ele se preocupa com o bem-estar de seus colaboradores e está disposto a ouvir seus problemas e ajudá-los a encontrar soluções. Isso cria um ambiente de confiança e respeito mútuo, no qual as pessoas se sentem valorizadas e compreendidas.

Além disso, um líder que oferece consolo é capaz de inspirar seus colaboradores a serem mais compassivos e atentos às necessidades dos outros. Ao ver o exemplo do líder, as pessoas aprendem a importância de cuidar dos outros e de se preocupar com o bem-estar emocional de seus colegas. Isso cria um ambiente mais colaborativo e solidário, em que as pessoas se ajudam mutuamente a superar desafios.

Para os líderes atuais, é essencial lembrar-se da importância de dar consolo em momentos de crise. Em situações de alta pressão e estresse, as pessoas podem ficar desorientadas e desmotivadas. O papel do líder é trazer esperança e conforto, mostrando que é possível superar as dificuldades e seguir em frente.

Para isso, é importante que os líderes desenvolvam habilidades de escuta ativa e de empatia. Eles devem estar dispostos a ouvir os problemas e preocupações de seus colaboradores, sem julgamento ou preconceito. Além disso, é fundamental que eles ofereçam apoio prático, como recursos e ferramentas que possam ajudar as pessoas a superar seus desafios.

Um líder que oferece consolo é um líder que se importa com as pessoas. Ele entende que, para alcançar resultados extraordinários, é preciso criar um ambiente de confiança, respeito e solidariedade. Ao oferecer conforto e apoio emocional, ele está investindo no bem-estar de seus colaboradores e, consequentemente, na saúde e produtividade deles.

REFERÊNCIA BÍBLICA: MATEUS 11.28-30

"Venham a mim, todos os que estão cansados e sobrecarregados, e eu lhes darei descanso.

Tomem sobre vocês o meu jugo e aprendam de mim, pois sou manso e humilde de coração, e vocês encontrarão descanso para as suas almas.

Pois o meu jugo é suave e o meu fardo é leve".

65 SOLUCIONAR PROBLEMAS EM CONJUNTO

Jesus ajudou as pessoas a acalmarem suas mentes e encontrar a paz interior. Esse aspecto do ministério de Jesus é muito importante, especialmente para as pessoas que enfrentam estresse, ansiedade e outras preocupações mentais na vida moderna.

A melhor maneira de solucionar um problema é acalmar a mente primeiramente e, com sabedoria, determinar quais os passos para resolver o conflito em questão. Peçam ajuda para conseguir ter visões diferentes e, juntos, chegarem a um consenso sobre o melhor caminho.

PÍLULA:
AO IDENTIFICAR UM PROBLEMA, INFORME A EQUIPE PARA QUE POSSA ENCONTRAR A SOLUÇÃO, CONVIDANDO-A PARA PARTICIPAR DO PROCESSO E A INCLUINDO NA SOLUÇÃO.

A habilidade de solucionar problemas em conjunto é uma das principais características de um líder eficiente. Quando um líder é capaz de trabalhar em equipe para encontrar soluções, ele pode liderar sua equipe para o sucesso. Isso exige a capacidade de ouvir as ideias de outros membros da equipe, avaliar diferentes opções e trabalhar em conjunto para encontrar a melhor solução possível.

A história de Jesus Cristo, descrita na Bíblia, oferece

muitos exemplos de como solucionar problemas em conjunto pode levar ao sucesso. Jesus frequentemente trabalhava em equipe com seus discípulos para alcançar objetivos em comum. Um exemplo notável disso é a Última Ceia, na qual Jesus reuniu seus discípulos para compartilhar uma refeição antes de sua crucificação. Durante a ceia, Jesus falou sobre a importância da unidade e do trabalho em equipe, e encorajou seus discípulos a continuarem sua missão mesmo após sua partida.

Outro exemplo é a cura de um homem cego registrado em João 9:1-12. Jesus e seus discípulos encontraram o homem cego e, em vez de simplesmente curá-lo sozinho, Jesus optou por envolver seus discípulos no processo. Ele pediu que eles fizessem uma pergunta ao homem e ajudassem a espalhar a mensagem sobre a cura.

Na vida dos líderes atuais, a habilidade de solucionar problemas em conjunto é igualmente importante. Quando um líder trabalha com sua equipe para resolver problemas, ele pode promover um ambiente de colaboração e desenvolver a confiança entre os membros da equipe. Isso não apenas aumenta a produtividade, mas também pode levar a soluções mais criativas e efetivas.

No entanto, solucionar problemas em conjunto nem sempre é fácil. É comum que os membros da equipe tenham ideias diferentes ou que haja desacordo sobre a melhor maneira de abordar um problema. Nesses casos, é importante que o líder assuma um papel de facilitador, encorajando a discussão e mantendo o foco na solução do problema em vez de permitir que as emoções dominem.

Para solucionar problemas em conjunto com eficácia, um líder deve ser capaz de ouvir ativamente as ideias dos outros membros da equipe. Ele deve estar disposto a considerar diferentes opções e estar aberto a mudar de curso, se necessário.

Além disso, ele deve ser capaz de liderar a equipe na implementação da solução escolhida, garantindo que todos estejam trabalhando juntos em direção a um objetivo comum.

Em resumo, a habilidade de solucionar problemas em conjunto é uma das características mais importantes de um líder eficiente. A história de Jesus Cristo, descrita na Bíblia, oferece muitos exemplos de como trabalhar em equipe pode levar ao sucesso. Para os líderes atuais, é importante ouvir as ideias dos outros, facilitar a discussão e trabalhar em conjunto para encontrar soluções criativas e efetivas. Quando um líder é capaz de solucionar problemas em conjunto com sua equipe, ele pode promover um ambiente de colaboração e confiança que leva ao sucesso em longo prazo.

REFERÊNCIA BÍBLICA: JOÃO 2.1-11

E, ao terceiro dia, fizeram-se umas bodas em Caná da Galileia; e estava ali a mãe de Jesus.

E foi também convidado Jesus e os seus discípulos para as bodas.

E, faltando vinho, a mãe de Jesus lhe disse: Não têm vinho.

Disse-lhe Jesus: Mulher, que tenho eu contigo? Ainda não é chegada a minha hora.

Sua mãe disse aos serventes: Fazei tudo quanto ele vos disser.

E estavam ali postas seis talhas de pedra, para as purificações dos judeus, e em cada uma cabiam dois ou três almudes.

Disse-lhes Jesus: Enchei de água essas talhas. E encheram-nas até em cima.

E disse-lhes: Tirai agora, e levai ao mestre-sala. E levaram.

E, logo que o mestre-sala provou a água feita vinho (não sabendo de onde viera, se bem que o sabiam os serventes que tinham tirado a água), chamou o mestre-sala ao esposo, e disse-lhe: Todo o homem põe primeiro o vinho bom e, quando já têm bebido bem, então o inferior; mas tu guardaste até agora o bom vinho.

Jesus principiou assim os seus sinais em Caná da Galileia, e manifestou a sua glória; e os seus discípulos creram nele.

66 TER UM NÚCLEO SELETO

Naturalmente o ser humano tem uma tendência a fazer parte de pequenos grupos de amigos, aqueles que fazem parte dos momentos importantes de nossas vidas.

Temos o grupo de amigos no trabalho, na escola, na igreja e amigos sociais.

Jesus escolheu 12 discípulos para estarem ao seu lado no dia a dia, criar memórias e compartilhar momentos importantes. É claro que várias pessoas estavam em volta Dele o tempo todo, mas apenas 12 tinham o privilégio de estarem realmente junto Dele.

Devemos selecionar aqueles que estão ao nosso lado, pois nem todos ficam realmente felizes com nossas conquistas.

PÍLULA:
TENHA PESSOAS QUE O REPRESENTEM, PREPARANDO-AS ASSIM: SELECIONAR; ESTAR SOZINHO COM ELAS POR UM TEMPO; COMPARTILHAR UMA EXPERIÊNCIA ÚNICA; CRIAR UMA LEMBRANÇA PERENE; E TER RECORRÊNCIA COM ELAS.

A importância de ter um núcleo seleto de pessoas é evidente na história de Jesus Cristo, descrita na Bíblia. Jesus escolheu doze discípulos para fazer parte de seu círculo mais próximo, com os quais passou a maior parte de seu tempo. Esses doze discípulos eram pessoas que ele considerava capazes de entender sua mensagem e de continuar a espalhá-la após sua morte e ressurreição. Essa estratégia de formar um núcleo seleto de pessoas para trabalhar junto é algo que pode ser aplicado pelos líderes atuais.

Em primeiro lugar, ter um núcleo seleto de pessoas permite que o líder tenha mais controle sobre as atividades da equipe e as decisões tomadas. Quando um líder tem uma equipe grande e diversificada, pode ser difícil manter o controle sobre o que cada pessoa está fazendo e se as atividades estão alinhadas com os objetivos do grupo. Com um núcleo seleto de pessoas, o líder pode ter mais confiança em suas habilidades e pode se concentrar em trabalhar com elas para tomar decisões importantes.

Em segundo lugar, um núcleo seleto de pessoas permite que o líder tenha mais foco na estratégia e na visão geral da equipe. Quando há muitas pessoas na equipe, pode ser fácil perder o foco em objetivos de longo prazo e se preocupar apenas com atividades imediatas. Com um núcleo seleto de pessoas, o líder pode se concentrar em discutir e desenvolver a visão geral da equipe, enquanto delega as tarefas diárias aos membros da equipe.

Em terceiro lugar, um núcleo seleto de pessoas pode ajudar a criar uma cultura forte e coesa na equipe. Quando as pessoas trabalham juntas há muito tempo, elas podem desenvolver um senso de camaradagem e confiança mútua que é difícil de alcançar com uma equipe grande e rotativa. Esse senso de camaradagem e confiança pode ajudar a equipe a se manter unida em momentos difíceis e a trabalhar aliada em direção a objetivos comuns.

No entanto, é importante notar que a formação de um núcleo seleto de pessoas não deve levar à exclusão ou marginalização dos outros membros da equipe. É importante que todos os membros da equipe sintam que fazem parte de uma comunidade coesa e que estão trabalhando juntos em direção a um objetivo comum. Além disso, é importante que os membros do núcleo seleto de pessoas trabalhem para desenvolver e fortalecer as habilidades e o potencial dos membros da equipe mais ampla, para que eles possam eventualmente contribuir para o núcleo seleto e para o sucesso geral da equipe.

Para os líderes atuais, a história de Jesus Cristo e sua estratégia de formar um núcleo seleto de pessoas pode ser uma inspiração e um modelo a ser seguido. No entanto, é importante lembrar que cada equipe é diferente e que a estratégia de formação de um núcleo seleto de pessoas deve ser adaptada às necessidades e características da equipe específica.

REFERÊNCIA BÍBLICA: LUCAS 9.28-36

Aproximadamente oito dias depois de dizer essas coisas, Jesus tomou consigo a Pedro, João e Tiago e subiu a um monte para orar.

Enquanto orava, a aparência de seu rosto se transformou, e suas roupas ficaram alvas e resplandecentes como o brilho de um relâmpago.

Surgiram dois homens que começaram a conversar com Jesus. Eram Moisés e Elias.

Apareceram em glorioso esplendor, e falavam sobre a partida de Jesus, que estava para se cumprir em Jerusalém.

Pedro e os seus companheiros estavam dominados pelo sono; acordando subitamente, viram a glória de Jesus e os dois homens que estavam com ele.

Quando estes estavam se retirando, Pedro disse a Jesus: "Mestre, é bom estarmos aqui. Façamos três tendas: uma para ti, uma para Moisés e uma para Elias" (ele não sabia o que estava dizendo).

Enquanto ele estava falando, uma nuvem apareceu e os envolveu, e eles ficaram com medo ao entrarem na nuvem.

Dela saiu uma voz que dizia: "Este é o meu Filho, o Escolhido; ouçam a ele!".

Tendo-se ouvido a voz, Jesus ficou só. Os discípulos guardaram isto somente para si.

67 DAR FERRAMENTAS

Não adianta o líder exigir resultados sem dar os meios para que a equipe alcance o resultado esperado.

Portanto, seja coerente, tire um tempo e se dedique a ensinar seus colaboradores, mostre o caminho, dê as ferramentas necessárias, e assim juntos alcançarão o resultado almejado.

Jesus Cristo nos deixou a Bíblia como manual de fé e prática, e nos orientou: "Ide por todo o mundo, pregai o evangelho a toda criatura" (Marcos 16:15), a partir dela, temos todas as instruções necessárias de como devemos conduzir nossa vida, e como devemos levar a palavra ao próximo.

PÍLULA:
O LÍDER DEVE DAR AS CONDIÇÕES CERTAS PARA SUA EQUIPE LIDAR COM AS SITUAÇÕES, COMO: LENTES PARA ENXERGÁ-LAS; UM MAPA PARA ATRAVESSAR O CAMINHO; E UM BARÔMETRO PARA INTERPRETAR O AMBIENTE.

A liderança é uma jornada que exige muito trabalho duro, habilidade, estratégia e compaixão. Uma das coisas mais importantes que um líder pode fazer é garantir que sua equipe tenha as ferramentas necessárias para realizar seu trabalho de maneira eficaz. Essas ferramentas podem incluir recursos, tecnologia, treinamento e habilidades específicas. E é aqui que a história de Jesus Cristo pode fornecer algumas lições valiosas sobre como dar ferramentas para aqueles que lideramos.

Ao longo dos evangelhos, vemos Jesus frequentemente equipando seus discípulos com as ferramentas e habilidades necessárias para cumprir suas missões. Em Marcos 6:7-13, Jesus envia seus doze discípulos em missão, mas não antes de lhes dar a autoridade de expulsar demônios e curar os doentes. Em Lucas 10:1-20, Jesus envia setenta discípulos para pregar em vilas e cidades próximas, mas não sem lhes dar instruções específicas e autoridade para curar os doentes e expulsar demônios. Em João 20:21-23, Jesus sopra sobre seus discípulos e lhes dá o Espírito Santo, capacitando-os para continuar sua missão após sua morte e ressurreição.

Por meio desses exemplos, aprendemos que um líder deve fornecer ferramentas e recursos adequados para seus seguidores para que eles possam realizar suas tarefas de maneira eficaz. Quando os líderes equipam suas equipes com as ferramentas necessárias, eles as capacitam a alcançar objetivos mais altos e a se destacarem em suas áreas de atuação. Além disso, quando as equipes têm as ferramentas adequadas, elas se tornam mais confiantes em suas habilidades e sentem-se mais valorizadas como membros da equipe.

Além disso, é importante lembrar que as ferramentas adequadas variam de acordo com a tarefa em questão. Um líder deve entender a natureza da tarefa e as habilidades de sua equipe para fornecer as ferramentas certas. Jesus entendia que a autoridade para curar os doentes e expulsar demônios era crucial para o sucesso da missão de seus discípulos naquela época. Da mesma forma, um líder moderno deve entender as habilidades e necessidades de sua equipe para fornecer as ferramentas certas para a tarefa em questão.

Além de fornecer ferramentas físicas, os líderes também devem fornecer treinamento e desenvolvimento de habilidades. Jesus investiu tempo em seus discípulos, ensinando-lhes não apenas o que fazer, mas como fazê-lo. Ele os orientou, treinou e equipou com as habilidades necessárias para cumprir sua missão. Da mesma forma, um líder moderno deve investir em seu pessoal, fornecendo treinamento e oportunidades de desenvolvimento de habilidades para melhorar sua eficácia e eficiência.

Por fim, dar ferramentas adequadas aos membros da equipe não só ajuda a atingir os objetivos de negócios, mas também pode ser uma ferramenta de motivação.

REFERÊNCIA BÍBLICA: LUCAS 12.35-48

"Estejam prontos para servir, e conservem acesas as suas candeias, como aqueles que esperam seu senhor voltar de um banquete de casamento; para que, quando ele chegar e bater, possam abrir-lhe a porta imediatamente.

Felizes os servos cujo senhor os encontrar vigiando, quando voltar. Eu lhes afirmo que ele se vestirá para servir, fará que se reclinem à mesa, e virá servi-los.

Mesmo que ele chegue de noite ou de madrugada, felizes os servos que o senhor encontrar preparados.

Entendam, porém, isto: se o dono da casa soubesse a que hora viria o ladrão, não permitiria que a sua casa fosse arrombada.

Estejam também vocês preparados, porque o Filho do homem virá numa hora em que não o esperam".

Pedro perguntou: "Senhor, estás contando esta parábola para nós ou para todos?".

O Senhor respondeu: "Quem é, pois, o administrador fiel e sensato, a quem seu senhor encarrega dos seus servos, para lhes dar sua porção de alimento no tempo devido?

Feliz o servo a quem o seu senhor encontrar fazendo assim quando voltar.

Garanto-lhes que ele o encarregará de todos os seus bens.

Mas suponham que esse servo diga a si mesmo: 'Meu senhor se demora a voltar', e então comece a bater nos servos e nas servas, a comer, a beber e a embriagar-se.

O senhor daquele servo virá num dia em que ele não o espera e numa hora que não sabe, e o punirá severamente e lhe dará um lugar com os infiéis".

"Aquele servo que conhece a vontade de seu senhor e não prepara o que ele deseja, nem o realiza, receberá muitos açoites.

Mas aquele que não a conhece e pratica coisas merecedoras de castigo receberá poucos açoites. A quem muito foi dado, muito será exigido; e a quem muito foi confiado, muito mais será pedido".

68 DAR MENTORIA

Os líderes devem estar dispostos a ensinar os seus colaboradores, demonstrar, dar espaço para que tentem e, se for necessário, identificar os pontos que precisam ser melhorados.

Jesus, além de ser um líder, também foi um mentor para seus seguidores. Ele passou seu conhecimento, ensinamentos e sabedoria para os discípulos, preparando-os para a continuação de sua missão na Terra.

A importância de ser um mentor na liderança é fundamental para o desenvolvimento de pessoas e para a sucessão em organizações. Quando um líder assume a responsabilidade de ser mentor, ele se compromete a compartilhar sua experiência e conhecimento com outras pessoas, ajudando-as a se tornarem líderes melhores e a alcançarem seus objetivos.

Devemos mostrar que confiamos e que precisamos da participação dos nossos colaboradores para que juntos alcancemos o sucesso, assim eles se sentirão motivados em darem o seu melhor para o crescimento da empresa.

PÍLULA:
INSTRUIR E DEMONSTRAR O QUE FAZER, PERMITIR A EXPERIMENTAÇÃO E APONTAR ONDE FOI QUE CADA PESSOA ERROU, AVALIANDO A SITUAÇÃO E IDENTIFICANDO A RESPONSABILIDADE DE SUA EQUIPE.

A mentoria é uma forma de orientação e apoio, em que um indivíduo mais experiente ajuda outro menos experiente a desenvolver habilidades, conhecimentos e competências. O conceito de mentoria tem sido praticado ao longo da história, em diferentes contextos e culturas, e a Bíblia apresenta exemplos marcantes de mentoria, como a relação de Jesus Cristo com seus discípulos.

Jesus foi um grande líder que, além de realizar seus milagres e pregar sua mensagem, também dedicou tempo e energia para orientar seus discípulos. Ele não apenas ensinou o caminho, mas mostrou como seguir e encorajou seus discípulos a fazerem o mesmo. Ele os guiou pelos seus ensinamentos, dando-lhes ferramentas e *insights* que lhes permitiram desenvolver seus próprios talentos e habilidades. Além disso, Jesus também modelou comportamentos positivos para seus discípulos, ensinando-lhes como agir com humildade, amor e compaixão.

A mentoria é especialmente importante para os líderes atuais, pois eles têm a responsabilidade de desenvolver a próxima geração de líderes. Um líder bem-sucedido deve ser capaz de identificar talentos em sua equipe e fornecer orientação e treinamento para ajudá-los a crescer e desenvolver suas habilidades. Isso não apenas melhora o desempenho da equipe, mas também ajuda a preparar a organização para o futuro, garantindo que haja líderes qualificados e bem-preparados para assumir papéis importantes.

Uma das maneiras mais eficazes de fornecer mentoria é por meio de *feedback* construtivo e honesto. Assim como Jesus fez com seus discípulos, os líderes precisam estar dispostos a fornecer *feedback* aos membros da equipe, destacando suas áreas fortes e indicando onde precisam melhorar. Isso deve ser feito de maneira positiva e encorajadora, de modo que os membros da equipe se sintam motivados a melhorar.

Outra forma eficaz de mentoria é estabelecer um ambiente de aprendizagem contínua. Líderes que incentivam a aprendizagem contínua criam uma cultura em que os membros da equipe são incentivados a se envolver em atividades de desenvolvimento, como *workshops*, treinamentos, palestras e leitura. Ao fornecer acesso a esses recursos e apoiar seus funcionários em seus esforços de aprendizagem, os líderes podem ajudá-los a desenvolver suas habilidades e expandir conhecimento.

Além disso, a mentoria também é importante para garantir que a organização esteja operando de maneira eficaz e eficiente. Os líderes que atuam como mentores são capazes de identificar oportunidades de melhoria e ajudar suas equipes a desenvolverem soluções inovadoras para os desafios que enfrentam. Eles podem usar suas experiências e conhecimentos para ajudar a orientar a equipe em direção a melhores práticas e melhores resultados.

Em resumo, a mentoria é uma ferramenta essencial para o desenvolvimento de líderes e equipes. Jesus é um exemplo claro de como a mentoria pode ser uma ferramenta poderosa para ajudar as pessoas a alcançarem seu potencial máximo.

REFERÊNCIA BÍBLICA: MATEUS 17.14-21

Quando chegaram aonde estava a multidão, um homem aproximou-se de Jesus, ajoelhou-se diante dele e disse:

"Senhor, tem misericórdia do meu filho. Ele tem ataques e está sofrendo muito. Muitas vezes cai no fogo ou na água.

Eu o trouxe aos teus discípulos, mas eles não puderam curá-lo".

Respondeu Jesus: "Ó geração incrédula e perversa, até quando estarei com vocês? Até quando terei que suportá-los? Tragam-me o menino".

Jesus repreendeu o demônio; este saiu do menino e, desde aquele momento, ele ficou curado.

Então os discípulos aproximaram-se de Jesus em particular e perguntaram: "Por que não conseguimos expulsá-lo?".

Ele respondeu: "Por que a fé que vocês têm é pequena. Eu lhes asseguro que se vocês tiverem fé do tamanho de um grão de mostarda, poderão dizer a este monte: 'Vá daqui para lá', e ele irá. Nada lhes será impossível.

Mas esta espécie só sai pela oração e pelo jejum".

69 GUIAR AS PESSOAS

Uma das maneiras pelas quais Jesus guiou as pessoas foi pelo exemplo. Ele não apenas pregou sobre amor, compaixão e humildade, mas também viveu esses valores em sua própria vida. Ele se aproximava das pessoas com amor e respeito, independentemente de seu status social ou econômico, e isso inspirava muitos a seguirem seus passos. Os líderes de hoje também podem seguir esse exemplo, guiando suas equipes por seu próprio comportamento e liderança pelo exemplo.

**PÍLULA:
TENHA QUALIDADES IMPORTANTES NO CORAÇÃO, AMANDO AS PESSOAS E SEU TRABALHO, SENDO SINCERO E FIEL, E CAPAZ DE CONDUZIR, PROTEGER, CUIDAR E GUIÁ-LAS SABIAMENTE.**

A história de Jesus Cristo é uma fonte inspiradora de liderança, repleta de lições valiosas sobre como guiar as pessoas. Jesus foi um líder que inspirou e guiou muitos seguidores, levando-os a mudar suas vidas para melhor. Seu exemplo nos ensina a importância de guiar e orientar as pessoas em direção a seus objetivos e valores.

Uma das principais lições que podemos aprender com Jesus é a importância de ter uma visão clara. Jesus tinha uma visão clara do seu propósito e objetivo na vida, e essa visão o guiou em todas as suas ações e decisões. Como líderes, é importante ter uma visão clara para si e para a equipe que lideramos, para que possamos trabalhar juntos em direção a um objetivo comum.

Outra lição importante que podemos aprender com Jesus é a importância de ser um modelo a ser seguido. Jesus não apenas pregou suas crenças e valores, mas também viveu de acordo com eles. Ele foi um exemplo vivo de amor, humildade, compaixão e coragem. Como líderes, devemos ser o modelo de comportamento que esperamos de nossa equipe.

Jesus também nos ensina a importância de ouvir as pessoas. Ele tinha uma habilidade incrível para ouvir e entender as necessidades e preocupações das pessoas ao seu redor. Ele ouvia com empatia e compaixão, e isso permitia que ele se conectasse profundamente com as pessoas. Como líderes, devemos ouvir atentamente as necessidades e preocupações de nossa equipe, para que possamos entender melhor as motivações dos seus integrantes e ajudá-los a alcançar seus objetivos.

Além disso, Jesus também nos ensina a importância de incentivar e capacitar as pessoas. Ele via o potencial em cada indivíduo e os incentivava a alcançar esse potencial. Ele também capacitava as pessoas, dando-lhes as ferramentas e habilidades necessárias para ter sucesso. Como líderes, é nossa responsabilidade incentivar e capacitar nossa equipe para que possa atingir seu potencial máximo.

Outra lição valiosa que podemos aprender com Jesus é a importância de ter um propósito maior. Jesus estava focado em servir a Deus Pai e em ajudar as pessoas a encontrarem um propósito maior em suas vidas. Ele inspirou muitas a viver uma vida de propósito e significado. Como líderes, é importante ajudar nossa equipe a encontrar um propósito maior em seu trabalho e na vida, para que cada pessoa possa sentir que está fazendo uma diferença positiva no mundo.

Por fim, Jesus nos ensina a importância de ser um líder humilde e compassivo. Ele não se importava com status, posição ou poder. Em vez disso, ele se preocupava com as necessidades das pessoas ao seu redor e trabalhava incansavelmente para ajudá-las. Como líderes, devemos lembrar que nossa posição não é uma medida de nossa grandeza, mas sim nossa capacidade de servir e ajudar os outros.

Em resumo, a história de Jesus Cristo é uma fonte rica de lições valiosas para os líderes atuais. Ele nos ensina a importância de ter uma visão clara, ser um modelo a ser seguido, ouvir as pessoas, incentivar e capacitar as pessoas, ter um propósito maior, e ser um líder humilde e compassivo.

REFERÊNCIA BÍBLICA: JOÃO 10.1-16

"Eu lhes asseguro que aquele que não entra no aprisco das ovelhas pela porta, mas sobe por outro lugar, é ladrão e assaltante.

Aquele que entra pela porta é o pastor das ovelhas.

O porteiro abre-lhe a porta, e as ovelhas ouvem a sua voz. Ele chama as suas ovelhas pelo nome e as leva para fora.

Depois de conduzir para fora todas as suas ovelhas, vai adiante delas, e estas o seguem, porque conhecem a sua voz.

Mas nunca seguirão um estranho; na verdade, fugirão dele, porque não reconhecem a voz de estranhos".

Jesus usou essa comparação, mas eles não compreenderam o que lhes estava falando.

Então Jesus afirmou de novo: "Digo-lhes a verdade: Eu sou a porta das ovelhas.

Todos os que vieram antes de mim eram ladrões e assaltantes, mas as ovelhas não os ouviram.

Eu sou a porta; quem entra por mim será salvo. Entrará e sairá, e encontrará pastagem.

O ladrão vem apenas para furtar, matar e destruir; eu vim para que tenham vida, e a tenham plenamente".

"Eu sou o bom pastor. O bom pastor dá a sua vida pelas ovelhas.

O assalariado não é o pastor a quem as ovelhas pertencem. Assim, quando vê que o lobo vem, abandona as ovelhas e foge. Então o lobo ataca o rebanho e o dispersa.

Ele foge porque é assalariado e não se importa com as ovelhas".

"Eu sou o bom pastor; conheço as minhas ovelhas; e elas me conhecem; assim como o Pai me conhece e eu conheço o Pai; e dou a minha vida pelas ovelhas.

Tenho outras ovelhas que não são deste aprisco. É necessário que eu as conduza também. Elas ouvirão a minha voz, e haverá um só rebanho e um só pastor".

70 DISSEMINAR BONS COMPORTAMENTOS

Jesus é conhecido por suas palavras e ações de amor e bondade. Sua mensagem de paz e justiça ressoou pelos séculos e ainda inspira milhões de pessoas em todo o mundo hoje. Uma das coisas mais marcantes sobre Jesus foi a maneira como ele viveu sua vida, agindo como um exemplo vivo de comportamentos positivos e virtuosos. Ele não apenas pregou esses comportamentos, mas também os praticou e os incentivou em outros.

Líder, os seus colaboradores estão o tempo todo observando suas atitudes, seus hábitos, seus comportamentos, portanto, seja exemplo em tudo quanto fizerdes.

PÍLULA:
ENCORAJAR OUTROS A TEREM AS ATITUDES DESEJADAS POR MEIO DO EXEMPLO E AÇÕES DO LÍDER, OU SEJA, ATRAINDO A EQUIPE PARA QUE PRESTE ATENÇÃO AOS PONTOS POSITIVOS E DESEJADOS.

A disseminação de bons comportamentos é fundamental para o desenvolvimento de uma sociedade saudável e equilibrada. Por meio de bons exemplos e ensinamentos, é possível construir uma cultura de respeito, honestidade e cooperação. Na história de Jesus Cristo, narrada na Bíblia, encontramos diversos ensinamentos e exemplos de como disseminar esses valores para aqueles que o seguiam.

Jesus Cristo foi um grande exemplo de como disseminar bons comportamentos. Ele não apenas falava sobre amor, compaixão e perdão, mas também praticava esses valores em seu dia a dia. Ele cuidava dos enfermos, acolhia os excluídos e ensinava seus seguidores a amar o próximo como a si mesmos. Dessa forma, ele se tornou um líder respeitado e admirado, capaz de inspirar as pessoas a agir de forma positiva em suas vidas.

Além de seus ensinamentos, Jesus também utilizava parábolas e histórias para ilustrar seus valores e disseminar bons comportamentos. Suas parábolas, como a do bom samaritano e a do filho pródigo, eram capazes de tocar o coração das pessoas e ensinar importantes lições sobre compaixão, perdão e amor. Com essas histórias, Jesus conseguia alcançar pessoas de diferentes origens e níveis sociais, disseminando seus valores de forma acessível e efetiva.

Hoje em dia, os líderes podem aprender muito com o exemplo de Jesus Cristo. É importante que eles não apenas falem sobre valores como respeito, honestidade e cooperação, mas também os pratiquem em suas ações diárias. É necessário que eles sejam exemplos vivos desses valores, para que possam inspirar e influenciar positivamente aqueles que os seguem.

Assim como Jesus utilizava parábolas e histórias para disseminar seus valores, os líderes também podem utilizar diferentes meios para alcançar as pessoas e disseminar bons comportamentos. Eles podem utilizar as redes sociais, por exemplo, para compartilhar histórias inspiradoras, ensinamentos e reflexões sobre valores importantes. Além disso, é importante que eles estejam sempre abertos ao diálogo e prontos para ouvir e aconselhar aqueles que precisam de orientação.

Outra forma importante de disseminar bons comportamentos é pela educação. Os líderes podem investir em programas educacionais que incentivem valores como respeito, honestidade e cooperação desde a infância. Dessa forma, é possível formar cidadãos mais conscientes e responsáveis, capazes de agir de forma positiva em suas vidas pessoais e profissionais.

Em resumo, a disseminação de bons comportamentos é fundamental para a construção de uma sociedade mais saudável e equilibrada. A história de Jesus Cristo nos ensina a importância de não apenas falar sobre valores positivos, mas também praticá-los em nossas ações diárias. Os líderes atuais podem aprender com esse exemplo, utilizando diferentes meios para alcançar as pessoas e disseminar esses valores, e investindo em programas educacionais que incentivem a formação de cidadãos conscientes e responsáveis.

REFERÊNCIA BÍBLICA: MARCOS 12.41-44

Jesus sentou-se em frente do lugar onde eram colocadas as contribuições, e observava a multidão colocando o dinheiro nas caixas de ofertas. Muitos ricos lançavam ali grandes quantias.

Então, uma viúva pobre chegou-se e colocou duas pequeninas moedas de cobre, de muito pouco valor.

Chamando a si os seus discípulos, Jesus declarou: "Afirmo-lhes que esta viúva pobre colocou na caixa de ofertas mais do que todos os outros.

Todos deram do que lhes sobrava; mas ela, da sua pobreza, deu tudo o que possuía para viver".

71 ADVERTIR MAUS COMPORTAMENTOS

Jesus não hesitava em advertir contra os maus comportamentos e os caminhos que levariam a um comportamento negativo e prejudicial. Por meio de suas palavras e ações, Jesus deixou claro que a advertência dos maus comportamentos é essencial para garantir a saúde e a felicidade dos indivíduos e da sociedade como um todo.

Ao longo dos evangelhos, Jesus é visto frequentemente confrontando e advertindo aqueles que se comportavam de maneira inadequada. Ele condenava a hipocrisia, a arrogância, a ganância, a violência e a corrupção, e instruía seus seguidores a se afastarem desses comportamentos prejudiciais.

PÍLULA:
O LÍDER PRECISA IDENTIFICAR ATITUDES INDESEJÁVEIS E DEIXAR CLARO PARA A EQUIPE QUAIS SÃO, E QUE ELAS NÃO DEVEM SER REPRODUZIDAS.

Advertir maus comportamentos é uma tarefa importante para qualquer líder, pois ajuda a manter uma equipe coesa e responsável. A história de Jesus Cristo na Bíblia contém muitos exemplos de como ele lidou com maus comportamentos e como ele ensinou seus seguidores a agirem corretamente.

Em várias ocasiões, Jesus advertiu seus discípulos e outras pessoas sobre comportamentos inadequados. Por exemplo,

Ele denunciou a hipocrisia dos fariseus, que se preocupavam mais com as aparências do que com a verdadeira justiça. Ele também advertiu os discípulos sobre a ganância e a busca pelo poder, dizendo que "aquele que quiser ser o maior, seja o servo de todos" (Marcos 10:44).

Um dos exemplos da advertência de Jesus ocorre quando ele é questionado pelo comportamento de seus discípulos: "Os fariseus e alguns dos mestres da lei, vindos de Jerusalém, reuniram-se a Jesus e viram alguns dos seus discípulos comerem com as mãos impuras, isto é, por lavar (os fariseus e todos os judeus não comem sem lavar as mãos cerimonialmente, apegando-se, assim, à tradição dos líderes religiosos. Quando chegam da rua, não comem sem antes se lavarem. E observam muitas outras tradições, tais como o lavar de copos, jarros e vasilhas de metal). Então, os fariseus e os mestres da lei perguntaram a Jesus: 'Por que os seus discípulos não vivem de acordo com a tradição dos líderes religiosos, em vez de comerem o alimento com as mãos impuras?'".

Ele respondeu: "Bem profetizou Isaías acerca de vocês, hipócritas; como está escrito: 'Este povo me honra com os lábios, mas o seu coração está longe de mim. Em vão me adoram; seus ensinamentos não passam de regras ensinadas por homens'.

Vocês negligenciam os mandamentos de Deus e se apegam às tradições dos homens".

Ao advertir maus comportamentos, Jesus sempre o fez com amor e compaixão. Ele não estava tentando humilhar ou envergonhar as pessoas, mas sim levá-las a refletir sobre suas ações e mudar seus caminhos. Ele ensinou que todos são iguais perante Deus e que devemos amar e respeitar uns aos outros.

Hoje, a advertência de maus comportamentos é igualmente importante para os líderes. Eles devem ser capazes de identificar quando alguém está se comportando inadequadamente e abordar a situação de forma rápida e eficaz. Ao fazer isso, os líderes podem evitar problemas maiores e manter uma cultura positiva em sua equipe.

No entanto, é importante lembrar que a advertência não deve ser feita de forma agressiva ou humilhante. Os líderes devem sempre tratar os outros com respeito e compaixão, e devem estar dispostos a ouvir e entender as perspectivas dos outros. Além disso, é importante que a advertência venha acompanhada de orientação e apoio, para ajudar a pessoa a mudar seu comportamento.

Os líderes também podem seguir o exemplo de Jesus ao se envolverem em ações comunitárias e projetos de caridade para ajudar a disseminar bons comportamentos. Ao trabalhar em conjunto com outras pessoas para ajudar os menos afortunados, os líderes podem inspirar um senso de compaixão e solidariedade em suas equipes e comunidades.

Em resumo, a advertência de maus comportamentos é uma tarefa importante para os líderes, e a história de Jesus Cristo na Bíblia nos oferece muitos exemplos de como isso pode ser feito com amor e compaixão. Ao advertir os outros de forma respeitosa e orientada para a solução, os líderes podem ajudar a manter uma cultura positiva em sua equipe e comunidade, inspirando mudanças positivas e disseminando bons comportamentos.

REFERÊNCIA BÍBLICA: MATEUS 23.13-32

"Ai de vocês, mestres da lei e fariseus, hipócritas! Vocês fecham o Reino dos céus diante dos homens! Vocês mesmos não entram, nem deixam entrar aqueles que gostariam de fazê-lo".

"Ai de vocês, mestres da lei e fariseus, hipócritas! Vocês devoram as casas das viúvas e, para disfarçar, fazem longas orações. Por isso serão castigados mais severamente".

"Ai de vocês, mestres da lei e fariseus, hipócritas, porque percorrem terra e mar para fazer um convertido e, quando conseguem, vocês o tornam duas vezes mais filho do inferno do que vocês".

"Ai de vocês, guias cegos, pois dizem: 'Se alguém jurar pelo santuário, isto nada significa; mas se alguém jurar pelo ouro do santuário, está obrigado por seu juramento'.

Cegos insensatos! Que é mais importante: o ouro ou o santuário que santifica o ouro?

Vocês também dizem: 'Se alguém jurar pelo altar, isto nada significa; mas se alguém jurar pela oferta que está sobre ele, está obrigado por seu juramento'.

Cegos! Que é mais importante: a oferta, ou o altar que santifica a oferta? Portanto, aquele que jurar pelo altar, jura por ele e por tudo o que está sobre ele.

E o que jurar pelo santuário, jura por ele e por aquele que nele habita.

E aquele que jurar pelo céu, jura pelo trono de Deus e por aquele que nele se assenta".

"Ai de vocês, mestres da lei e fariseus, hipócritas! Vocês dão o dízimo da hortelã, do endro e do cominho, mas têm negligenciado os preceitos mais importantes da lei: a justiça, a misericórdia e a fidelidade. Vocês devem praticar estas coisas, sem omitir aquelas.

Guias cegos! Vocês coam um mosquito e engolem um camelo".

"Ai de vocês, mestres da lei e fariseus, hipócritas! Vocês limpam o exterior do copo e do prato, mas por dentro eles estão cheios de ganância e cobiça.

Fariseu cego! Limpe primeiro o interior do copo e do prato, para que o exterior também fique limpo".

"Ai de vocês, mestres da lei e fariseus, hipócritas! Vocês são como sepulcros caiados: bonitos por fora, mas por dentro estão cheios de ossos e de todo tipo de imundície.

Assim são vocês: por fora parecem justos ao povo, mas por dentro estão cheios de hipocrisia e maldade".

"Ai de vocês, mestres da lei e fariseus, hipócritas! Vocês edificam os túmulos dos profetas e adornam os monumentos dos justos.

E dizem: 'Se tivéssemos vivido no tempo dos nossos antepassados, não teríamos tomado parte com eles no derramamento do sangue dos profetas'.

Assim, vocês testemunham contra si mesmos que são descendentes dos que assassinaram os profetas.

Acabem, pois, de encher a medida do pecado dos seus antepassados!"

72 DIRECIONAR QUANTO AO FUTURO

Uma das formas pelas quais Jesus direcionou seus seguidores para o futuro foi por seus ensinamentos sobre o Reino de Deus. Ele enfatizou a importância de viver de acordo com os princípios do Reino, que incluem amor, justiça, misericórdia e perdão. Jesus também falou sobre a vida eterna, que é uma perspectiva futura que dá esperança aos crentes.

Além disso, Jesus ensinou que as pessoas devem estar preparadas para o futuro, tanto a nível pessoal quanto coletivo. Ele advertiu seus seguidores sobre os perigos da ganância e do materialismo, incentivando-os a investir em coisas que têm valor eterno, como relacionamentos, virtudes e boas obras. Jesus também ensinou sobre a importância de estar preparado para a volta dele e do Juízo Final, um evento que terá implicações eternas para todos.

PÍLULA:
INSTRUIR E LEMBRAR SEMPRE COMO AS PESSOAS DEVEM SE PREPARAR, E QUAIS DIFICULDADES PODEM ESPERAR, ORIENTANDO SOBRE O CAMINHO QUE IRÃO PERCORRER, DANDO-LHES DIREÇÃO E ESPERANÇA.

Jesus Cristo é um exemplo de líder que sempre teve uma visão clara e direcionou as pessoas ao futuro. Por meio de seus ensinamentos e ações, ele mostrou a importância de ter um propósito e trabalhar para alcançá-lo, não apenas para si mesmo, mas também para aqueles ao seu redor.

Na Bíblia, há várias passagens em que Jesus fala sobre o futuro e o que deve ser feito para se preparar para ele. Em Mateus 6:33, por exemplo, ele diz: "Buscai primeiro o Reino de Deus e a sua justiça, e todas estas coisas vos serão acrescentadas". Essa passagem destaca a importância de ter um objetivo claro e orienta que devemos trabalhar para alcançá-lo, e que as outras coisas necessárias para a vida serão providenciadas.

Além disso, Jesus sempre incentivou as pessoas a pensarem no futuro, a se prepararem para o que virá e a tomar medidas para garantir que estarão prontas quando chegar a hora.

Jesus também direcionou seus discípulos ao futuro, encorajando-os a pensar em como o mundo seria depois que Ele partisse. Em João 14:12, Jesus disse: "Em verdade, em verdade vos digo que aquele que crê em mim fará também as obras que eu faço e outras maiores fará, porque eu vou para junto do Pai". Essa passagem mostra que Jesus estava olhando para o futuro, esperando que seus seguidores continuassem seu trabalho e fizessem ainda mais.

A importância de direcionar as pessoas ao futuro se aplica também à liderança atual. Um líder que tem uma visão clara e sabe como alcançá-la é capaz de inspirar e motivar sua equipe a trabalhar unida em direção a um objetivo comum. Da mesma forma que Jesus encorajou seus discípulos a pensarem além de sua presença física, um líder moderno deve pensar além do curto prazo e considerar as implicações de longo prazo de suas decisões e ações.

Um líder que direciona ao futuro é capaz de prever as tendências e mudanças no mercado e na sociedade, e preparar sua equipe para essas mudanças. Ele é capaz de identificar oportunidades e ameaças antes que elas ocorram, e tomar medidas para se adaptar e prosperar em um ambiente em constante mudança.

Além disso, um líder que direciona ao futuro é capaz de inspirar a equipe a pensar criativamente e inovar. Ele é capaz de estimular a imaginação e desafiar a equipe a buscar novas soluções para problemas antigos. Com isso, a equipe é encorajada a expandir seus horizontes e descobrir novas possibilidades que, de outra forma, poderiam ter sido ignoradas.

Outra característica importante de um líder que direciona ao futuro é a capacidade de planejar e preparar.

REFERÊNCIA BÍBLICA: MATEUS 24.1-44

Jesus saiu do templo e, enquanto caminhava, seus discípulos aproximaram-se dele para lhe mostrar as construções do templo.

"Vocês estão vendo tudo isto?", perguntou ele. "Eu lhes garanto que não ficará aqui pedra sobre pedra; serão todas derrubadas".

Tendo Jesus se assentado no monte das Oliveiras, os discípulos dirigiram-se a ele em particular e disseram: "Dize-nos, quando acontecerão essas coisas? E qual será o sinal da tua vinda e do fim dos tempos?".

Jesus respondeu: "Cuidado, que ninguém os engane.

Pois muitos virão em meu nome, dizendo: 'Eu sou o Cristo!' e enganarão a muitos.

Vocês ouvirão falar de guerras e rumores de guerras, mas não tenham medo. É necessário que tais coisas aconteçam, mas ainda não é o fim.

Nação se levantará contra nação, e reino contra reino. Haverá fomes e terremotos em vários lugares.

Tudo isso será o início das dores".

"Então eles os entregarão para serem perseguidos e condenados à morte, e vocês serão odiados por todas as nações por minha causa.

Naquele tempo muitos ficarão escandalizados, trairão e odiarão uns aos outros, e numerosos falsos profetas surgirão e enganarão a muitos.

Devido ao aumento da maldade, o amor de muitos esfriará, mas aquele que perseverar até o fim será salvo.

E este evangelho do Reino será pregado em todo o mundo como testemunho a todas as nações, e então virá o fim".

"Assim, quando vocês virem 'o sacrilégio terrível', do qual falou o profeta Daniel, no lugar santo – quem lê, entenda – então, os que estiverem na Judeia fujam para os montes.

Quem estiver no telhado de sua casa não desça para tirar dela coisa alguma.

Quem estiver no campo não volte para pegar seu manto.

Como serão terríveis aqueles dias para as grávidas e para as que estiverem amamentando!

Orem para que a fuga de vocês não aconteça no inverno nem no sábado.

Porque haverá então grande tribulação, como nunca houve desde o princípio do mundo até agora, nem jamais haverá.

Se aqueles dias não fossem abreviados, ninguém sobreviveria; mas, por causa dos eleitos, aqueles dias serão abreviados.

Se, então, alguém lhes disser: 'Vejam, aqui está o Cristo!' ou: 'Ali está ele!', não acreditem.

Pois aparecerão falsos cristos e falsos profetas que realizarão grandes sinais e maravilhas para, se possível, enganar até os eleitos.

Vejam que eu os avisei antecipadamente".

"Assim, se alguém lhes disser: 'Ele está lá, no deserto!', não saiam; ou: 'Ali está ele, dentro da casa!', não acreditem.

Porque assim como o relâmpago sai do Oriente e se mostra no Ocidente, assim será a vinda do Filho do homem.

Onde houver um cadáver, aí se ajuntarão os abutres".

"*Imediatamente após a tribulação daqueles dias, 'o sol escurecerá, e a lua não dará a sua luz; as estrelas cairão do céu, e os poderes celestes serão abalados'*".

"*Então aparecerá no céu o sinal do Filho do homem, e todas as nações da terra se lamentarão e verão o Filho do homem vindo nas nuvens do céu com poder e grande glória.*

E ele enviará os seus anjos com grande som de trombeta, e estes reunirão os seus eleitos dos quatro ventos, de uma a outra extremidade dos céus".

"*Aprendam a lição da figueira: quando seus ramos se renovam e suas folhas começam a brotar, vocês sabem que o verão está próximo.*

Assim também, quando virem todas estas coisas, saibam que ele está próximo, às portas.

Eu lhes asseguro que não passará esta geração até que todas essas coisas aconteçam.

O céu e a terra passarão, mas as minhas palavras jamais passarão".

"*Quanto ao dia e à hora ninguém sabe, nem os anjos dos céus, nem o Filho, senão somente o Pai.*

Como foi nos dias de Noé, assim também será na vinda do Filho do homem.

Pois nos dias anteriores ao dilúvio, o povo vivia comendo e bebendo, casando-se e dando-se em casamento, até o dia em que Noé entrou na arca; e eles nada perceberam, até que veio o dilúvio e os levou a todos. Assim acontecerá na vinda do Filho do homem.

Dois homens estarão no campo: um será levado e o outro deixado.

Duas mulheres estarão trabalhando num moinho: uma será levada e a outra deixada".

"*Portanto, vigiem, porque vocês não sabem em que dia virá o seu Senhor.*

Mas entendam isto: se o dono da casa soubesse a que hora da noite o ladrão viria, ele ficaria de guarda e não deixaria que a sua casa fosse arrombada.

Assim, também vocês precisam estar preparados, porque o Filho do homem virá numa hora em que vocês menos esperam".

73 SACRIFICAR-SE PELAS PESSOAS

Jesus é uma figura central na religião cristã, e a sua história é repleta de exemplos de amor, compaixão e sacrifício pelos outros. Na Bíblia, vemos que Jesus sacrificou a sua própria vida para salvar a humanidade, ao se deixar ser crucificado pelos romanos. Esse sacrifício é considerado pelos cristãos como um ato supremo de amor e compaixão, e é lembrado e celebrado em todo o mundo até hoje.

No entanto, Jesus também realizou muitos outros sacrifícios em nome do amor e da compaixão. Ele curou os doentes, acolheu os marginalizados e ajudou os necessitados, muitas vezes colocando as necessidades dos outros antes das suas próprias.

PÍLULA:
SEJA CAPAZ DE CHAMAR PARA SI A RESPONSABILIDADE DO OUTRO, SE ENTREGANDO A UMA EVENTUAL PUNIÇÃO PARA PROTEGER A EQUIPE E FAZENDO O ESFORÇO NECESSÁRIO PARA ALCANÇAR O OBJETIVO.

A figura de Jesus Cristo é uma referência em diversos aspectos, não apenas para a religião cristã, mas também para a humanidade em geral. Uma das características mais marcantes de sua vida foi o seu sacrifício em favor das pessoas, o que é considerado por muitos como um exemplo de amor e altruísmo.

Ao longo de sua vida, Jesus realizou diversas ações em favor das pessoas que o cercavam. Ele curou enfermos, alimentou multidões, acolheu os marginalizados, perdoou a pecadores e, finalmente, sacrificou-se na cruz para redimir a humanidade de seus pecados.

O sacrifício de Jesus é considerado pelos cristãos como um ato supremo de amor e altruísmo, uma vez que ele ofereceu sua própria vida em favor das pessoas, sem esperar nada em troca. Essa atitude pode ser vista como um exemplo de liderança, pois Jesus assumiu a responsabilidade pelos outros e demonstrou um compromisso com o bem-estar da humanidade como um todo.

A importância de sacrificar-se pelas pessoas pode ser aplicada em diversas áreas da vida, incluindo a liderança. Líderes que se sacrificam em favor de suas equipes demonstram um compromisso com o sucesso de todos, não apenas com o seu próprio sucesso. Eles estão dispostos a assumir riscos e tomar decisões difíceis para garantir que suas equipes alcancem seus objetivos.

Um líder que se sacrifica pelas pessoas também é visto como alguém que tem a capacidade de inspirar e motivar seus liderados. Quando os membros de uma equipe percebem que seu líder está disposto a se sacrificar por eles, se sentem mais motivados a dar o seu melhor e a alcançar resultados excelentes.

Além disso, um líder que se sacrifica pelas pessoas também constrói relações mais fortes e duradouras com sua equipe. Quando as pessoas percebem que seu líder se importa com elas e está disposto a ajudá-las, tendem a sentir mais confiança e lealdade em relação a ele.

No entanto, é importante ressaltar que sacrificar-se pelas pessoas não significa ser negligente com as próprias necessidades e limites. Jesus Cristo também nos ensinou a importância do autocuidado, do equilíbrio e da autoaceitação. Um líder que se sacrifica pelas pessoas precisa estar atento às suas próprias necessidades e limites, e buscar o equilíbrio entre o cuidado com a equipe e o cuidado consigo mesmo.

Em resumo, a figura de Jesus Cristo nos ensina a importância de sacrificar-se pelas pessoas em favor do bem-estar coletivo. Esse exemplo pode ser aplicado na liderança, ajudando os líderes a se tornarem mais comprometidos com suas equipes, a inspirar e motivar seus liderados, a construir relações mais fortes e duradouras, e a alcançar resultados excelentes. No entanto, é importante lembrar que sacrificar-se pelas pessoas não significa negligenciar as próprias necessidades e limites, mas sim buscar o equilíbrio entre o cuidado com a equipe e o cuidado consigo mesmo.

REFERÊNCIA BÍBLICA: MATEUS 26.47

Enquanto ele ainda falava, chegou Judas, um dos Doze. Com ele estava uma grande multidão armada de espadas e varas, enviada pelos chefes dos sacerdotes e líderes religiosos do povo.

74 PASSAR O BASTÃO

Quando pensamos em passar o bastão, geralmente associamos essa expressão ao ato de transmitir uma responsabilidade ou cargo para outra pessoa. E essa é uma prática importante que tem sua origem em diversas áreas da vida, inclusive na história de Jesus Cristo, que transmitiu sua missão para seus discípulos.

Jesus passou anos ensinando, pregando e realizando milagres ao lado de seus discípulos, preparando-os para continuar seu trabalho depois de sua morte e ressurreição. Ele sabia que sua missão não se encerraria com sua morte e que seria preciso garantir que o trabalho continuasse sendo feito de maneira fiel a seus ensinamentos.

**PÍLULA:
CONFIE EM TODA A PREPARAÇÃO REALIZADA COM OS NOVOS LÍDERES, QUE IRÃO TOMAR O APRENDIZADO PARA SI E REPRODUZIR EM OUTROS, CUIDANDO DO FUTURO COM ÂNIMO.**

A história de Jesus Cristo é uma fonte rica de ensinamentos e exemplos para líderes em todas as áreas da vida. Um dos aspectos importantes desta história é a forma como Jesus passou o bastão para seus discípulos e, finalmente, para a humanidade em geral. Essa prática de passar o bastão é essencial para a continuidade e o sucesso de qualquer empreendimento, seja ele religioso, empresarial ou governamental.

A primeira lição que podemos aprender com a história de Jesus é a importância de ter uma visão de longo prazo. Desde o início de seu ministério, Jesus sabia que Ele não seria capaz de realizar sua missão sozinho. Ele sabia que precisava de discípulos e seguidores leais que pudessem continuar sua obra após sua partida. Isso o levou a escolher cuidadosamente seus discípulos e a investir tempo e recursos em seu treinamento e formação. Ele os ensinou a viver de acordo com os princípios do amor e da justiça, e os equipou com as ferramentas necessárias para liderar a Igreja após sua morte.

Em segundo lugar, a história de Jesus nos ensina que o processo de passagem do bastão deve ser cuidadosamente planejado e executado. Jesus não apenas escolheu seus discípulos cuidadosamente, mas também os preparou gradualmente para liderar a Igreja. Ele os encorajou a praticar o que haviam aprendido em sua presença, dando-lhes a oportunidade de ensinar e pregar. Ele também os incentivou a buscar a orientação do Espírito Santo para tomar decisões importantes e liderar a Igreja de maneira sábia.

Outra lição importante que podemos aprender com a história de Jesus é a importância de deixar ir o controle. Quando chegou a hora de Jesus passar o bastão para seus discípulos, teve que confiar que eles seriam capazes de liderar a Igreja sem Ele. Jesus confiou neles e lhes deu autonomia para tomar decisões e liderar a Igreja da maneira que achassem melhor. Essa confiança na capacidade de seus discípulos não apenas ajudou a garantir a continuidade da Igreja, mas também permitiu que seus discípulos crescessem e desenvolvessem sua própria liderança.

Por fim, a história de Jesus nos ensina que o processo de passagem do bastão não deve ser visto como o fim, mas como o começo de um novo capítulo na história da organização.

Depois que Jesus partiu, seus discípulos assumiram a liderança da Igreja e, com o tempo, a Igreja cresceu e se desenvolveu em uma grande e influente instituição. Eles enfrentaram desafios e dificuldades, mas permaneceram fiéis aos princípios ensinados por Jesus e, finalmente, expandiram sua influência para além das fronteiras de Jerusalém.

Hoje, líderes em todas as áreas da vida podem aprender com a história de Jesus e aplicar seus princípios à sua própria liderança. A passagem do bastão deve ser cuidadosamente planejada e executada, com a visão de longo prazo em mente. Os líderes devem escolher cuidadosamente seus sucessores e prepará-los gradualmente para líder.

REFERÊNCIA BÍBLICA: JOÃO 20:21

Novamente Jesus disse: "Paz seja com vocês! Assim como o Pai me enviou, eu os envio".

75 GARANTIR UM SUCESSOR

A história de Jesus e seus sucessores destaca a importância de passar o bastão e garantir que a visão e missão de uma organização sejam mantidas e desenvolvidas ao longo do tempo. Para líderes atuais, isso significa estar preparado para ceder o poder e permitir que outros assumam a liderança e se tornem mentores, a fim de garantir a continuidade e o sucesso da organização.

O processo de sucessão envolve encontrar e treinar sucessores capazes e confiáveis, bem como estabelecer um plano claro de transição. Também exige que o líder atual esteja disposto a deixar de lado seu próprio ego e permitir que outros assumam a liderança e moldem o futuro da organização.

**PÍLULA:
CHAMAR À RESPONSABILIDADE, PASSAR A MISSÃO AO NOVO LÍDER E PERMITIR QUE ELE ASSUMA O LEGADO, MOTIVANDO-O A SERVIR À SUA EQUIPE.**

A importância de garantir um sucessor é um tema presente em muitas histórias de liderança, e a história de Jesus Cristo não é exceção. Na Bíblia, vemos Jesus passando seu legado para seus discípulos, garantindo que seu trabalho continuasse mesmo após sua morte. Essa atitude tem grande relevância para líderes atuais que desejam deixar um legado duradouro e impactante.

Ao longo de seu ministério, Jesus treinou seus discípulos, ensinando-lhes a importância da compaixão, do perdão e da justiça. Ele os guiou e os inspirou, mas também os desafiou a crescer e a agir com autonomia. Quando chegou a hora de sua morte, ele sabia que precisava garantir que seu legado não se perdesse.

Assim, Jesus escolheu seus discípulos mais próximos para continuar sua obra, mesmo sabendo que eles não eram perfeitos e que enfrentariam muitas dificuldades. Ele passou a eles seus ensinamentos, seu exemplo e sua missão, garantindo que sua mensagem fosse transmitida de geração em geração.

Essa atitude de Jesus tem uma grande lição para os líderes atuais. Garantir um sucessor é fundamental para a continuidade e o crescimento de qualquer organização, seja ela religiosa, política ou empresarial. Sem uma sucessão planejada e bem executada, uma organização pode se enfraquecer e até mesmo desaparecer após a saída do líder fundador.

Para garantir um sucessor, o líder precisa primeiro ter uma visão clara e uma missão bem definida. Ele deve ter valores sólidos e inspirar seus seguidores a compartilharem desses valores. É importante também que o líder esteja disposto a treinar e capacitar seus sucessores, compartilhando seu conhecimento e experiência.

Outra questão importante é escolher o sucessor certo. Assim como Jesus escolheu seus discípulos mais próximos, um líder atual precisa escolher alguém que tenha os valores, a visão e a capacidade para continuar sua obra. Essa escolha deve ser feita com cuidado e com base em critérios objetivos, para evitar que a sucessão seja prejudicada por interesses pessoais ou políticos.

Finalmente, o líder atual precisa garantir que a sucessão seja bem comunicada e bem executada. É importante que a organização esteja preparada para a transição e que todos os envolvidos saibam o que esperar. O líder deve trabalhar com seu sucessor para garantir uma transição suave e bem-sucedida.

Em resumo, a história de Jesus Cristo nos ensina que garantir um sucessor é fundamental para a continuidade e o crescimento de qualquer organização. Os líderes atuais devem seguir esse exemplo, tendo uma visão clara, treinando e capacitando seus sucessores, escolhendo o sucessor certo e garantindo uma transição suave. Dessa forma, eles podem deixar um legado duradouro e impactante, assim como Jesus deixou.

REFERÊNCIA BÍBLICA: JOÃO 21.15-17

Depois de comerem, Jesus perguntou a Simão Pedro: "Simão, filho de João, você me ama realmente mais do que estes?". Disse ele: "Sim, Senhor, tu sabes que te amo". Disse Jesus: "Cuide dos meus cordeiros".

Novamente Jesus disse: "Simão, filho de João, você realmente me ama?". Ele respondeu: "Sim, Senhor, tu sabes que te amo". Disse Jesus: "Pastoreie as minhas ovelhas".

Pela terceira vez, ele lhe disse: "Simão, filho de João, você me ama?". Pedro ficou magoado por Jesus lhe ter perguntado pela terceira vez "Você me ama?" e lhe disse: "Senhor, tu sabes todas as coisas e sabes que te amo". Disse-lhe Jesus: "Cuide das minhas ovelhas".

CONCLUSÃO

A humanização necessária aos líderes pôde ser observada de forma geral nas ações daquele que se fez homem para poder ensinar aos homens. Resumindo em poucas palavras o que foi apresentado, fica claro que, para se alcançar os objetivos, é preciso sentir compaixão pelas pessoas e conhecer as suas necessidades, assim como Jesus agiu na Terra (Lucas 6.17-19 e Mateus 15.32-39).

Como vemos, Jesus demonstrou uma enorme quantidade de características por meio de lições extremamente úteis para líderes dos dias atuais, servindo de um arcabouço perfeito no qual todos podem, e devem, se espelhar para liderar de forma mais efetiva.

Embora possam existir outros modelos, perfis ou exemplos de liderança ao longo da história, é possível observar que grande parte das habilidades (ou, pelo menos, todas as positivas) é contemplada nas lições de Jesus, corroborando a sua efetividade.

Seu exemplo demonstra uma enorme autoridade de caráter, um perfil único, verdadeiro, de poder, conhecimento, compromisso e de promessa, capaz de inspirar multidões que o seguem há mais de 2 mil anos, cujo número só aumenta, multiplica e se espalha por todos os cantos do mundo.

Sendo cristão ou não, é possível a qualquer líder se inspirar nessas lições e buscar a sua evolução, extraindo o melhor das pessoas e deixando, desta forma, um legado que irá marcar eternamente a vida e influenciar diretamente os resultados que serão alcançados.

E para você, faz sentido? Quais lições considera úteis para aplicar em sua vida como líder ou simplesmente como um ser humano e cidadão?

Espero que o exemplo e a história de Jesus tenham provocado em você, amigo, leitor(a), um momento de reflexão, e que, a partir de agora, você seja um líder melhor e mais bem preparado para liderar.

Grande abraço,

Marcelo Simonato

BÔNUS:
LETRA DA MÚSICA "GALILEU"

Compositor e cantor: Fernandinho

Deixou Sua glória
Foi por amor, foi por amor
E o seu sangue derramou
Que grande amor

Naquela via dolorosa, se entregou
Eu não mereço, mas Sua graça me alcançou

Eu me rendo ao seu amor
Eu me rendo ao seu amor
Eu me rendo ao seu amor
Eu me rendo, eu me rendo

Deus Emanuel
Estrela da Manhã
Cordeiro de Deus
Pão da vida
Príncipe da paz
Grande El Shaddai
Santo de Israel
Luz do mundo

Galileu
Jesus, Jesus
Galileu
Jesus, Jesus
Galileu
Jesus, Jesus
Galileu
Jesus, Jesus

Eu me rendo ao seu amor
Eu me rendo ao seu amor
Eu me rendo ao seu amor
Eu me rendo, me rendo, me rendo

Deus Emanuel
Estrela da Manhã
Cordeiro de Deus
Pão da vida
Príncipe da paz
Grande El Shaddai
Santo de Israel
Luz do mundo

Galileu
Jesus, Jesus
Galileu
Jesus, Jesus
Galileu
Jesus, Jesus
Galileu
Jesus, Jesus

Tende em vós o mesmo sentimento que houve em Cristo Jesus
Pois Ele, subsistindo em forma de Deus
Não julgou como usurpação ser igual a Deus
Antes, a si mesmo esvaziou, assumindo a forma de servo
Tornando-se em semelhança de homem
E reconhecido em figura humana

A si mesmo se humilhou, sendo obediente até a morte,
e morte de cruz
Pelo que também Deus o exaltou sobremaneira
E lhe deu um nome que está acima de todo nome
Para que no nome de Jesus se dobre todo joelho nos céus
Na terra e debaixo da terra
E toda língua confesse: Jesus Cristo
Jesus Cristo é Senhor
Para a glória de Deus Pai

Galileu
Jesus, Jesus
Galileu
Jesus, Jesus
Galileu
Jesus, Jesus
Galileu
Jesus, Jesus

Link para ouvir:
https://youtu.be/9YC8iDNpyYU

Link da letra:
https://www.letras.mus.br/fernandinho/galileu/

ACESSE PELO QRCODE:

BIBLIOGRAFIA

Bíblia Sagrada, livros: Mateus, Marcos, Lucas e João.